Die schönsten
Gebete der
Weltreligionen

Gebete des Judentums

Professor Dr. Walter Homolka, Landesrabbiner a. D., Rektor des Abraham Geiger Kollegs an der Universität Potsdam. Autor und Herausgeber zahlreicher Veröffentlichungen zum zeitgenössischen Judentum.

Frieden in Fülle komme vom Himmel

Die schönsten Gebete des Judentums

Herausgegeben von
Rabbiner Walter Homolka

HERDER
FREIBURG · BASEL · WIEN

MIX
Papier aus verantwortungsvollen Quellen
FSC® C106847

Originalausgabe

www.herder.de

Umschlagkonzeption und -gestaltung: Agentur R · M · E
Eschlbeck / Hanel / Grober
Umschlagmotiv: © Designbüro gestaltungssaal,
Sabine Hanel / Alexandra Grober
Satz: SatzWeise
Herstellung: fgb · freiburger graphische betriebe
www.fgb.de

Printed in Germany
ISBN 978-3-451-06401-2

Für Rabbiner Henry G. Brandt

Inhaltsverzeichnis

Einführung

»Es geziemt sich, zum Schöpfer zu beten und zu keinem anderen Wesen sonst«, heißt es in den dreizehn Glaubensartikeln des mittelalterlichen jüdischen Religionsphilosophen Maimonides (1135–1204). Gebete entsprechen unserem menschlichen Bedürfnis nach Beistand und Trost in Krisenzeiten und nach einem Adressaten, wenn uns »das Herz übergeht«. Wir kennen Bittgebete für uns selbst und für andere, Gebete zum Dank und zum Lob, Sündenbekenntnisse und die Bitte um Vergebung. Das Judentum kennt keinen Mittler. Wir richten unsere Gebete direkt an Gott in der Erwartung, dass sich die Antwort darauf in Segenswirkungen erweist, in Verständnis und in innerem Frieden.

In der Hebräischen Bibel finden sich zahlreiche Beispiele leidenschaftlichen Gebets, so etwa bei Jona, Hiob, Jeremia und Habakuk, bei den Psalmisten und bei vielen anderen Propheten. Allerdings gibt es kein ausdrückliches biblisches Gebot zum Beten.

Die Pflichtgebete: Das »Herzensopfer«

Mit der Zerstörung des Zweiten Tempels im Jahre 70 u. Z. traten anstelle der gebotenen Tieropfer im Jerusalemer Tempel feste Gebetszeiten. Das Gebet, das an die Stelle des Opfers getreten ist, wird »Gottesdienst des Herzens« genannt, auf Hebräisch avoda schel lev. Die Bezeichnung für das Morgenopfer, Schacharit, wurde auf das Morgengebet übertragen, während das nachmittägliche Mincha-Gebet dem Nachmittagsopfer entspricht. Das dritte tägliche Gebet, das Abendgebet Maariv, hat kein Pendant im Opferdienst und ist eine Erweiterung der Tradition; dazu kommt noch das Nachtgebet vor dem Schlafengehen.

Die frühesten Versuche, die jüdische Gebetsordnung zu standardisieren, erfolgten Ende des 1. Jahrhunderts u. Z. unter Leitung des Rabban Gamliel II. in Jamnia. Diese Stadt zwischen Jaffa und Aschdod war nach der Zerstörung Jerusalems Sitz der rabbinischen Gerichtsbarkeit und der berühmten Akademie von Jawne. Die erste Gebetsordnung wurde wahrscheinlich im 9. Jahrhundert niedergeschrieben. Daraus hat sich die Liturgie für den Synagogengottesdienst entwickelt. Für einen öffentlichen Gottesdienst ist traditionell der Minjan, die Versammlung von zehn Betern, erforderlich. Der Ort, an dem sie sich versammelt, spielt dabei keine Rolle, solange es sich um einen würdigen Ort handelt.

Persönliche Gebete

Individuelle Gebete ergänzen die allein oder in Gemeinschaft verrichteten Pflichtgebete. Mose selbst gibt uns Beispiele dafür, dass auch ein freies Gebet Wirkung haben kann, ganz unabhängig von festen Gebetsordnungen und von Gebetbüchern. Auch die Ausführlichkeit oder Dauer dieser persönlichen Gebete kann variieren. So verbringt Mose einmal, als er für sein Volk Fürbitte einlegt, gleich »40 Tage und 40 Nächte« damit, und sein Gebet wird erhört (Deuteronomium 9,18); als Mose ein anderes Mal für seine kranke Schwester Miriam betet, da umfasst dieses Gebet ganze fünf Worte und wird ebenfalls erhört (Numeri 12,13).

Kleine Geschichte des Jüdischen Gebetbuches

Es wurde einmal gesagt: Die Bibel ist die Gabe Gottes an die Menschheit; das Gebetbuch das Gegengeschenk der Menschen an Gott. Dieser Ausspruch verdeutlicht, dass das Gebetbuch ein menschliches Produkt ist, das zwar geehrt, aber nicht heilig ist. Es sollte mit Respekt behandelt werden, doch es ist offen für Änderungen. Es verdankt sich einem fortdauernden Prozess, zu dem jede Generation ihren Beitrag leisten möchte. In der Vergangenheit war dies tatsächlich so, denn das Gebetbuch hat sich im Verlauf mehrerer Jahrhunderte entwickelt. Man verfasste neue Gebete, benutzte andere Formen, und es gab zahlreiche örtliche Unterschiede. Die ständige Überarbeitung des Gebetbuches ist nicht nur eine historische Tatsache, sondern liegt in seinem Wesen begründet. Als Teil der mündlichen Tradition war die Liturgie der Synagoge seit ihren Anfängen in den letzten Jahrhunderten der Zweiten Tempelperiode über ein Jahrtausend hinweg zunächst von Mund zu Mund weiter übermittelt worden. In der Mischna und dem Talmud werden die bestimmenden Regeln aufgeführt, und viele Pflichtgebete sind erwähnt oder gar zitiert. Die genaue Formulierung der Gebete war bis zu einem gewissen Grad dem Vorbeter überlassen.

Es dauerte bis in die zweite Hälfte des 9. Jahrhunderts, bevor ein Buch erschien, das sowohl die Texte als auch die Anordnungen der Synagogenliturgie vollständig wiedergab: das »Seder Raw Amram« von Amram ben Scheschna, dem Oberhaupt der rabbinischen Akademie von Sura in Babylonien. Er hatte es als Antwort auf eine Anfrage einer jüdischen Gemeinde in Spanien geschrieben. Während der nachfolgenden Jahrhunderte wurden weitere solche Kompendien verfasst. Ein Vergleich dieser frühen Gebetbücher legt eine verblüffend große Anzahl von Textvarianten offen. Durch die mittelalterliche religiöse Dichtung *(Pijjut)* schwoll die jüdische Liturgie mehr und mehr an, weil sie kaum jemals etwas verwarf, was einmal aufgenommen worden war. Mystische und pietistische Strömungen trugen durch die Jahrhunderte das Ihre dazu bei, um den Reichtum an Gebetstexten zu vermehren. Die Erfindung des Buchdrucks sorgte schließlich für eine weite Verbreitung der sich auffächernden Gebetsliteratur. Die Aufklärung am Ende des 18. Jahrhunderts und die sich anschließende Herausbildung verschiedener jüdischer Strömungen im Verlauf des 19. Jahrhunderts führte zu einer lebendigen Weiterentwicklung der bisher schon vielfältigen Formen des Synagogengottesdienstes.

Über Jahrhunderte hin war das Jüdische Gebetbuch, der Siddur, der die Gottesdienste und Gebete für Alltag, Schabbat und verschiedene Anlässe enthielt, der persönliche Besitz nahezu eines jeden Juden.

Tradition und Aktualität

Ein erfolgreiches Gebetbuch hat mehrere Funktionen: Es ist der Versuch Einzelner, mit Gott in Beziehung zu treten, und ein Ausdruck ihrer tiefsten Gedanken und Gefühle. Es spiegelt die Wirklichkeit des Lebens und die Alltagsprobleme der Menschen wider und hilft doch zugleich, sich über sie zu erheben und zu einer geistigen Erfüllung zu gelangen. Es ist auf Einzelpersonen ausgerichtet, doch es verbindet ihre Identität mit dem Rest der Gemeinde. Es ist ein Bekenntnis des jüdischen Glaubens und der historischen Erfahrungen und verleiht gleichzeitig der persönlichen Suche und der eigenen jüdischen Identität eine Stimme. Um diese Aufgaben zu erfüllen, muss das Gebetbuch eine Brücke sein zwischen dem großen Schatz der jüdischen Tradition und den Lebensumständen der Beterinnen und Beter.

1870 äußerte sich Abraham Geiger zu den Anforderungen an ein Jüdisches Gebetbuch:

> »Das Gebetbuch soll im Ganzen und Großen den bisherigen Charakter beibehalten, seinen Zusammenhang mit der ganzen Geschichte des Judenthums auch weiter in scharfem Gepräge ausdrücken. Der Gottesdienst bleibt daher, seinen wesentlichen Bestandtheilen nach, hebräisch; der hebräische Ausdruck, wenn auch hie und da nicht frei von einer gewissen orientalischen Ueberschwänglichkeit, bleibt im Ganzen unangetastet. Dennoch muß der Gottesdienst, namentlich an den ausgezeichneten Tagen, einzelne kurze deutsche Gebete und fromme Betrachtungen enthalten; ferner muß der hebräische Text von einer deutschen Bearbeitung begleitet sein, welche nicht in steifer Aengstlichkeit unserer vaterländischen Sprache das hebräische Colorit aufdrängt, sondern, die ursprüngliche Innigkeit bewahrend, durch den heimischen Ton dem Gemüthe sich anschließt.«

Zu jeder Zeit also setzt dieses Ringen neu an und jede Generation muss sich wieder die Frage vorlegen, welche Form das »Herzensopfer« haben soll, das man guten Gewissens vor Gott legen will. Die rechte Abwägung von Tradition und Moderne ist dabei ein Grundanliegen der geistigen Auseinandersetzung.

Wahrhaftigkeit der Gebete

In der Vergangenheit gab es bei der Entwicklung des Gebetbuches das Problem, dass zwar jede Generation Gebete hinzufügte, man aber zögerte, Texte wegzulassen. Dies bezog sich auch auf Gebete, die längst überholten Situationen galten und in der Gegenwart keine Bedeutung mehr hatten. Wie an einem Strauch, der allzu struppig gewachsen ist, haben moderne Strömungen des Judentums in den letzten zwei Jahrhunderten an dem traditionell überlieferten Textbestand Änderungen vorgenommen.

Der Wunsch nach einer Kürzung der Pflichtgebete fiel mit einem anderen Anliegen der Beter zusammen: Die Liturgie sollte zum Ausdruck bringen, was die Gemeinde wirklich glaubt. Gebete, die heutigen Glaubensansichten völlig widersprechen, fördern aber Unaufrichtigkeit oder Gleichgültigkeit und sollten weggelassen werden. Das Ergebnis war, dass einige Gebete aus der Liturgie nichtorthodoxer Strömungen entfernt wurden, wie zum Beispiel die, die sich auf den Opferkult beziehen. Ebenso änderte man Texte, die eine stark negative Einstellung zu Nichtjuden ausdrücken und die aus Epochen der Feindseligkeit und Unterdrückung stammen. Abschnitte, in denen herablassend von Frauen geredet wird, wurden oftmals getilgt, statt sie durch eine beschönigende Interpretation zu bewahren.

In den vergangenen achtzig Jahren hat sich die Welt beinahe über unseren Verstehenshorizont verändert. Sie erlebte den Mord an sechs Millionen Juden. Das Unbegreifliche der Schoa verfolgt uns bis heute und hat Auswirkungen auf unser Leben und unsere Einstellungen. Außerdem kam es zur Wiedererrichtung des Staates Israel. Ein Jahrhunderte alter Traum wurde Wirklichkeit und brachte ein wunderbares Erblühen jüdischer Identität und jüdischen Fortschritts. Das Gebetbuch ist quasi die Autobiographie des jüdischen Volkes und muss diese beiden gewaltigen Ereignisse schon deshalb berücksichtigen.

Die Forderung, alle Juden sollten in der Lage sein, Hebräisch zu lesen und zu verstehen, ist ein löbliches Ideal. Aber es entspricht nicht der Realität. Viele Juden können kein Hebräisch und selbst wenn Kenntnisse vorhanden sind, reichen sie oft nicht aus, um etwas zu verstehen. Es ist deshalb sinnvoll, Gebete in der Landessprache einzufügen; im heutigen Israel, wo jeder Hebräisch versteht, ist damit der Gottesdienst vollständig in der Landessprache.

Zu Auswahl und Gliederung dieses Buches

Beim Jüdischen Gebetbuch handelt sich also um ein lebendiges Werk, nicht um ein Museumsstück. Deshalb sollten Juden mutig damit umgehen und die Freiräume persönlicher Innerlichkeit und Zwiesprache mit Gott ausschöpfen. In den vielen Jahren des Studiums habe ich diese Momente intimer Zwiesprache entdeckt. Die Texte der jüdischen Überlieferung sind voll davon. Es hat mich gelehrt, zwischen liturgischem Pflichtgebet und individuellem Beten zu unterscheiden, zwischen Gebets-Ordnung und Gebets-Haltung.

Die Gebetssammlung »Frieden in Fülle komme vom Himmel« ist kein Gebetbuch, das die Gebets-Ordnung und den Synagogengottesdienst wiedergibt und anleiten will. Es handelt sich vielmehr um eine kleine Zusammenstellung jüdischer Gebete (in deutscher Sprachfassung), die einen lebendigen Eindruck vom reichen Schatz und der Schönheit jüdischer Gebetserfahrung vermitteln will. Traditionelle Pflichtgebete kommen darin (in Auszügen) zum Abdruck ebenso wie Zeugnisse liturgischer Poesie oder neuzeitlichen jüdischen Betens. Von den biblischen Psalmen spannt sich der Bogen bis zu Beterinnen und Betern der Gegenwart.

Das erste Kapitel folgt dem Lauf des Tages (der nach jüdischer Tradition am Abend des Vortags beginnt) mit seinen Gebetszeiten am Abend, Morgen, Nachmittag und zu den Mahlzeiten.

Das zweite Kapitel spiegelt den Rhythmus der jüdischen Woche zwischen Werktag und Schabbat wider. Hier finden Sie das zentrale jüdische Gebet jeder Gebetszeit, die Amida oder das »Achtzehnbitten-Gebet«.

Im dritten Kapitel sind Gebete ausgewählt, die dem jüdischen Festkalender folgen: Die Gebete zu Neujahr (Rosch ha-Schana) und Versöhnungstag (Jom Kippur) sind von Erinnerung und Rechenschaft, Umkehr und

Vergebung geprägt. Das Lichterfest (Chanukka) hat seine Gebete ebenso wie die drei Pilgerfeste: das Fest zur Erinnerung an den Auszug aus Ägypten (Pessach), das Fest der Tora-Gabe (Schawuot) und das Laubhüttenfest (Sukkot).

Im vierten Kapitel sind Gebete zu verschiedenen Zeiten des Lebens und unterschiedlichen Gebetsanlässen zusammengestellt.

Die Transliteration hebräischer Namen sowie andere Eigenheiten der Schreibweise (Groß- oder Kleinschreibung der Du-Anrede im Gebet) folgen der jeweiligen Schreibweise der zitierten Quellen und wurden in der Regel für diese Sammlung nicht vereinheitlicht.

Die vorliegende Gebetesammlung »Frieden in Fülle komme vom Himmel« wäre ohne das Engagement von Herrn Tobias Barniske M.A. nicht möglich gewesen. Ihm gilt ein ganz besonderer Dank des Herausgebers.

Landesrabbiner a. D. Professor Dr. Walter Homolka
Potsdam, Jüdisches Neujahr 5772

Widmung

Dieser Band ist einem großen Kollegen gewidmet. Landesrabbiner Dr. h.c. Henry G. Brandt hat 1981 das »Siddur Or Chadasch« in Zürich ediert, vor genau dreißig Jahren. Dieses Gebetbuch hat mich als Jugendlicher begleitet und meinen Gebeten Gestalt gegeben. Auch steht es am Anfang einer ganzen Reihe von neuen Gebetbüchern, die seitdem im deutschsprachigen Raum erarbeitet worden sind. Danke für diese Pionierarbeit.

Von Rabbiner Abraham Jehoschua Heschel (1907–1972) können wir lernen:

»Das Gebet ist kein gelegentlich anzuwendendes Mittel, nicht ein letzter Ausweg dann und wann. Es ist vielmehr ein fester Wohnsitz für das Innerste der Person. Alle Dinge haben eine Heimat: Der Vogel hat sein Nest, der Fuchs seinen Bau und die Bienen ihren Stock. Eine Seele ohne Gebet ist eine Seele ohne Heimat ... Denn was die Seele betrifft: Die Seele ist immer dort zu Hause, wo Gebet ist.«

Höre Israel

Heiligung des Tages

In deine Hand lege ich meinen Geist

Gelobt sei Gott am Tag, gelobt sei Gott bei Nacht,
gelobt sei Gott, wenn wir aufstehen,
gelobt sei Gott, wenn wir uns niederlegen.
Denn in deiner Hand sind die Seelen der Lebenden
wie der Toten.
In seiner Hand sind die Seelen aller Lebenden
und der Geist alles Lebendigen.
In deine Hand lege ich meinen Geist,
du erlöst mich, Ewiger, wahrhaftiger Gott.
Unser Gott im Himmel,
mache deinen Namen unverwechselbar
und errichte dein Reich beständig
und gebiete über uns immer und ewig.

VII, 285

Höre Israel

Höre Jisrael:
Der Ewige ist unser Gott, der Ewige ist einzig!
Gelobt sei sein Name:
Die Herrlichkeit seines Reiches ist für immer und ewig.
Du sollst den Ewigen, deinen Gott, lieben
von ganzem Herzen, ganzer Seele
und ganzem Vermögen.

Die Worte, die ich dir jetzt befehle,
sollen dir stets im Herzen bleiben.
Du sollst sie deinen Kindern einschärfen
und immer davon reden,
wenn du zu Hause sitzt oder auf Reisen bist,
wenn du dich niederlegst und wenn du aufstehst.
Binde sie zum Zeichen an deine Hand.
Trage sie als Stirnbinde zwischen deinen Augen
und schreibe sie auf die Pfosten deines Hauses
und deiner Tore.

Werdet ihr also meinen Geboten gehorchen,
die ich euch jetzt gebe,
um den Ewigen, euren Gott, von eurem ganzen Herzen
und von eurer ganzen Seele zu lieben
und ihm zu dienen,
so will ich eurem Land Regen geben zur rechten Zeit,
Frühregen und Spätregen,
damit du dein Getreide, Most und Öl einsammelst,
und will für dein Vieh Gras wachsen lassen
auf deinem Feld,
dass du zu essen habest in Überfluss.
Hütet euch aber, dass euer Herz nicht verführt werde,
dass ihr etwa abweicht und anderen Göttern dient
und sie anbetet.
Der Zorn des Ewigen würde über euch entbrennen.
Er würde den Himmel verschließen,
dass kein Regen komme.

Die Erde würde ihr Gewächs nicht hervorbringen,
und ihr würdet gar bald zugrunde gehen,
fern von dem vortrefflichen Land,
das euch der Ewige geben will.
Nehmt euch also diese Worte zu Herzen
und zu Gemüte,
bindet sie auch zum Zeichen auf die Hand
und tragt sie als Stirnbinde zwischen euren Augen.
Lehrt sie eure Söhne,
um beständig davon zu sprechen,
wenn du zu Hause sitzt oder auf der Reise bist,
wenn du dich hinlegst und wenn du aufstehst.
Schreibe sie auf die Pfosten deines Hauses
und an deine Tore,
damit ihr und eure Kinder auf dem Erdreich,
das der Ewige euren Eltern geschworen hat es ihnen zu geben, lange bleiben möget,
solange der Himmel über der Erde sein wird.

Ferner sprach der Ewige zu Moses wie folgt:
»Rede mit den Benej Jisrael und sage ihnen,
sie sollen bei allen ihren Nachkommen Schaufäden
an die Ecken ihrer Kleider machen
und an diesen Schaufäden
eine Schnur von dunkelblauer Wolle befestigen.
Diese sollen euch zu Schaufäden dienen, dass ihr sie seht
und euch aller Gebote des Ewigen erinnert und sie haltet,
nicht aber eurem Herzen und euren Augen
nachwandelt, die euch auf Abwege verführen.

Ihr werdet dadurch meiner Gebote eingedenk sein,
um sie zu halten und eurem Gott heilig zu sein.
Ich bin der Ewige, euer Gott,
der ich euch aus Mizrajim geführt habe,
um euer Gott zu sein.
Ich, der Ewige, euer Gott!« VII, 56–59

Am Abend

Gebet an den Schöpfer des Abends

Gelobt seist du, Ewiger, unser Gott, Gebieter der Welt,
der durch sein Wort die Abende herbeiführt.
Mit seiner Weisheit öffnet er die Tore des Himmels,
mit seiner Einsicht regelt er die Zeitzyklen
und die Jahreszeiten.
Er setzt nach seinem Willen die Sterne am Himmel
in ihre Bahnen.
Er hat Tag und Nacht erschaffen,
er lässt das Licht weichen vor der Finsternis
und die Finsternis vor dem Licht.
Und er unterscheidet zwischen Tag und Nacht,
Gott der Himmelsmächte ist sein Name.
Als lebendiger, ewiger Gott
wird er stets über uns herrschen, immer und ewig.
Gelobt seist du, Ewiger,
der du die Abende herbeiführst. VII, 114–115

Abendgebet

Geleite uns in Frieden zur Ruhe, Ewiger, unser Gott,
und lass uns zum Leben wieder aufstehen.
Breite über uns das Zelt deines Friedens aus,
richte uns durch deinen guten Ratschluss,
hilf uns um deines Namens willen, schütze uns!
Lass von uns weichen
Seuche, Schwert, Hungersnot und Bedrückung.
Im Schatten deiner Fittiche birg uns,
denn du bist unser Retter und Hüter.
Ein gnädiger und barmherziger Gebieter bist du.
Behüte unseren Ausgang und unseren Eintritt
ins Leben und zum Frieden, von nun an bis in Ewigkeit.
Breite über uns das Zelt deines Friedens.
Gelobt seist du, Ewiger,
der du das Zelt des Friedens ausbreitest
über uns, über dein ganzes Volk Jisrael
und über Jerusalem.

VII, 165

Abendgedanken

Der Weg ist enorm schön – sagte der Knabe,
Der Weg ist gewaltig schwer – sagte der Jüngling,
Der Weg ist äußerst lang – sagte der Mann,
Der Greis setzte sich an den Wegrand, um auszuruhen.

Die untergehende Sonne färbt sein weißes Haar
mit Gold und Röte,
Das Gras zu seinen Füßen schimmert im Abendtau,
Ein letzter Vogel des Tages singt über ihm:
– Erinnerst du dich, wie schön der Weg war,
und wie lang?

Lea Goldberg

IV, 256

Gebete zur Nacht

Zur Nacht

Der Segensspruch »Hamapil«

Gepriesen seist Du,
Ewiger, unser Gott, König der Welt,
der Du die Bande des Schlafes
auf meine Augen fallen lässt,
und den Schlummer auf meine Wimpern,
und der die Finsternis meiner Pupillen erleuchtet.

Und es sei Dir wohlgefällig,
Ewiger, mein Gott und Gott meiner Väter,
dass Du mich zum Frieden mich niederlegen lässt
und zu gutem Leben und zum Frieden
mich aufstehen lässt;
dass mich weder meine Gedanken noch böse Träume
noch böse Vorstellungen erschrecken.
Gepriesen seist Du, Ewiger,
der die ganze Welt mit seiner Herrlichkeit erleuchtet.

VI, 24

Behütet fort und fort

Lass zur Ruhe uns niederlegen, Ewiger, unser Gott,
in Frieden, und wieder aufstehen zum Leben,
und breite über uns die Hütte deines Friedens aus;
halte uns aufrecht durch guten Rat,
hilf und beschütze uns,
wende von uns ab Feind und Pest, Schwert und
Hungersnot, und jedweden Kummer;
birg uns im Schatten deiner Flügel,
denn du bist unser Hüter und unser Retter,
gnädiger und barmherziger Gott!
Bewahre unsern Ausgang und unsern Eingang
zu Leben und Frieden immerdar.
Gepriesen seist du, Ewiger,
der uns behütet fort und fort.

IX, 110

Am Morgen

Gebet an den Schöpfer des Lichts

Gelobt seist du, Ewiger, unser Gott, Gebieter der Welt,
der das Licht gebildet und die Finsternis erschaffen.
Er stiftet Frieden und erschafft alles.
Du erleuchtest die Erde und die auf ihr wohnen
mit Barmherzigkeit.
In deiner Güte erneuerst du täglich
beständig das Schöpfungswerk.
Wie zahlreich sind deine Werke, Ewiger,
alle hast du mit Weisheit gemacht,
voll ist die Erde von deinem Besitz.
Gott der Ewigkeit, in deinem großen Erbarmen
erbarme dich über uns,
Gott unserer Macht, Fels unserer Zuflucht,
Schild unserer Hilfe, das uns umgibt.
Gott, gelobt, groß an Erkenntnis,
er hat die Strahlen der Sonne festgelegt und gemacht,
er schuf Ehre seinem Namen,
Lichter stellte er rund um seine Kraft.

VII, 52–53

Gotteslob am Morgen

Gelobt seist du, Ewiger, unser Gott,
Gebieter der Welt,
du gibst dem Verständigen Einsicht,
zwischen Tag und Nacht zu unterscheiden.

du hast mich nach deinem Bilde geschaffen.
du hast mich als Kind Jisraels geschaffen.
du hast mich als Kind der Freiheit geschaffen.
du öffnest blinde Augen.
du bekleidest Nackte.
du befreist Gefangene.
du richtest Niedergebeugte auf.
du befestigst die Erde über den Wassern.
du hast alles geschaffen, was ich brauche.
du machst die Schritte des Menschen fest.
du gürtest Jisrael mit Mut.
du krönst Jisrael mit Pracht.
du gibst den Müden Kraft.

Gelobt seist du, Ewiger, unser Gott,
Gebieter der Welt,
du entfernst den Schlaf von meinen Augen
und den Schlummer von meinen Lidern.

VII 19–20

Unsere Gabe und Aufgabe

Mein Gott, die Seele, die du mir gegeben, rein ist sie.
Du hast sie geschaffen, du hast sie gebildet,
du hast sie mir eingehaucht, du bewahrst sie in mir.
Und du wirst sie von mir nehmen
und mir in der Zukunft wiedergeben.
Solange die Seele in mir ist, danke ich dir,
Ewiger, mein Gott und Gott meiner Vorfahren,
Gebieter über alle Werke und alle Seelen.
Gelobt seist du, Ewiger,
der Toten die Seele wiedergibt.

VII, 17–18

Schutz vor dem Bösen

Dein Wille sei es, Ewiger,
unser Gott und Gott unserer Vorfahren,
dass Du uns an Deine Lehre gewöhnst,
und uns festhalten lässt an Deinen Geboten;
und lass uns nicht zur Sünde,
zur Übertretung und zur Schuld kommen,
nicht in die Versuchung und nicht zum Frevel;
und lass den bösen Trieb nicht über uns herrschen;
halte uns fern
von schlechten Menschen und schlechten Gefährten;

und lass uns dem guten Trieb nachhängen
und guten Werken;
zügele unseren Trieb, damit wir Dir dienen,
und lass uns heute und jeden Tag
Gunst, Gnade und Erbarmen in Deinen Augen finden
und in den Augen aller, die uns sehen,
und erweise uns gute Wohltaten.
Gepriesen seist Du, Ewiger,
der seinem Volk Israel gute Wohltaten erweist.
Rabbi Jehuda ha-Nasi

IV, 29

Erhaben und gesegnet

Erhaben ist die Mühe jener,
welche die großen Gebote ausführen!
Jeder Mond – ein Strahlenkranz.
Und im Sternenmeer durchsteigen sie die Nächte
auf der hohen Leiter.

Lehre mich, Du Allweiser,
Du, der den alltäglichen Dingen Pracht verleiht,
Der den Tau Tropfen für Tropfen sammelt,
Um ihn umzuwandeln
in Baumkrone und Waldwuchs –,
(Lehre mich,) die kleinen Dinge zu schultern,
Es mit den kleinen Dingen genau zu nehmen,

Und bei der harten Arbeit wie von jenen,
die zur Tenne fahren, zu jauchzen:
Wie groß sind Deine Werke!

Gesegnet ist die Mühe jener,
welche die kleinen Gebote ausführen!
Abraham Shlonski

IV, 257–258

Am Nachmittag

Zu allen Zeiten preise Gottes heiligen Namen: Psalm 145

Ein Loblied Davids

Ich will dich erheben, mein Gott, o König,
und preisen deinen Namen ewig und immer.
An jeglichem Tage preise ich dich,
und rühme deinen Namen ewig und immer.
Groß ist der Ewige und sehr gepriesen,
und seine Größe unergründlich.
Ein Geschlecht rühmt den anderen deine Werke,
und deine Machttaten verkünden sie.
Den herrlichen Glanz deiner Majestät
und deine Wundertaten will ich dichten.

Und die Macht deiner furchtbaren Taten
sollen sie melden,
und deine Größe will ich erzählen.
Die Erinnerung an deine große Güte strömen sie aus,
und ob deiner Gerechtigkeit jubeln sie.
Gnädig und barmherzig ist der Ewige,
langmütig und groß an Huld.
Gütig ist der Ewige gegen alle,
und sein Erbarmen ist über all seine Werke.
Es preisen dich, Ewiger, all deine Werke,
und deine Frommen benedeien dich.
Die Herrlichkeit deines Reiches sprechen sie aus,
und von deiner Stärke reden sie:
Kundzumachen den Menschenkindern seine Stärke
und die Herrlichkeit der Majestät seiner Reiches.
Dein Reich ist ein Reich aller Ewigkeiten,
und deine Herrschaft geht durch alle Geschlechter.
Es stützet der Ewige alle Sinkenden,
und richtet auf alle Gebeugten.
Alle Augen schauen empor zu dir,
und du gibst ihnen ihre Nahrung zur rechten Zeit.
Du öffnest deine Hand
und sättigst alles Lebendige seines Verlangens.
Gerecht ist der Ewige in all seinen Wegen
und liebevoll in all seinen Werken.
Nahe ist der Ewige allen, die ihn rufen,
allen, die ihn anrufen mit Wahrheit.
Er tut den Willen derer, so ihn fürchten,
und ihr Flehen hört er und rettet sie.

Es hütet der Ewige alle, die ihn lieben,
und alle Frevler vertilgt er.
Des Ewigen Ruhm soll aussprechen mein Mund,
und es preise alles Fleisch seinen heiligen Namen
immer und ewig.

X, 573–574

Jeden Abend

Jeden Abend nimmt Gott seine Waren,
die glitzernden, aus dem Schaufenster:
Rätsel der Schöpfung, Bundestafeln, schöne Perlen,
glänzende Kreuze und Glocken,
und legt sie in dunkle Kisten zurück,
drinnen (im Laden), und Er schließt den Rolladen:
»Wieder ist kein einziger Prophet gekommen,
um zu kaufen!«
Jehuda Amichai

IV, 258

Tischgebete

Gepriesen seist Du, Ewiger, unser Gott! Herr der Welt!
Du hast alle Wesen ins Leben gerufen,
Du erhältst und ernährst sie
in Deiner unendlichen Güte;
ewig währet Deine Liebe.
Auch uns hast Du liebevoll Deine Hand geöffnet
und in väterlicher Huld für uns gesorgt.
Gepriesen seist Du, Ewiger,
der Du das All speisest.

Aller Augen harren auf Dich,
und Du gibst ihnen ihre Speise zur rechten Zeit.
Du öffnest Deine Hand
und sättigest alles Lebende mit Wohlgefallen.

X, 15

Deinen Namen wollen wir in der Welt heiligen

Werktage und Schabbat

Vor Gott

An uns ist es, den Schöpfer des Alls zu preisen,
die Größe von Gottes Schöpfungswerk auszurufen,
der uns wirklichen Anteil an seinem Schöpfungswerk
zusammen mit allen Gottgläubigen
auf dieser Welt gegeben hat.
Und so knien wir nieder, verneigen uns
und stehen vor dem Gebieter der Gebieter,
dem Heiligen, gelobt sei er!
Er wölbte den Himmel und gründete die Erde,
der Sitz seiner Ehre ist der Himmel oben,
die Stätte seiner Macht in den höchsten Höhen.
Er ist unser Gott, keiner sonst.
In Wahrheit ist er unser Gebieter, keiner außer ihm.
Wie in seiner Lehre geschrieben:
»Erkenne es heute und mache es deinem Herzen klar,
dass der Ewige allein Gott ist,
im Himmel oben und auf Erden unten, keiner sonst!«

VII, 181

Achtzehn Bitten für Wochentage

Gott, öffne meine Lippen,
und mein Mund verkünde dein Lob.

Gott der Generationen

Gelobt seist du, Ewiger, unser Gott
und Gott unserer Väter und Mütter,
Gott Abrahams, Gott Isaaks und Gott Jakobs,
Gott Sarahs, Gott Riwkahs,
Gott Rachels und Gott Leahs,
großer, mächtiger und erhabener Gott!
Du spendest beglückende Wohltaten,
waltest über das All,
gedenkst der Frömmigkeit der Väter und Mütter
und bringst ihren Kindeskindern einen Erlöser
um deines Namens willen in Liebe.
Gebieter, Beistand, Retter und Schild!
Gelobt seist du, Ewiger,
Schild Abrahams und Hilfe Sarahs!

Gottes Macht

Du bist für immer mächtig, Ewiger,
belebst die Toten, bist stark im Helfen.
Du lässt Wind wehen, Tau und Regen fallen.

Du erhältst die Lebenden in Gnade.
In großem Erbarmen belebst du die Toten,
du stützt die Fallenden, heilst die Kranken,
befreist die Gefesselten
und hältst selbst denen die Treue, die im Staub schlafen.
Wer ist wie du, Allmächtiger?
Wer gleicht dir, Gebieter,
der du über Tod und Leben gebietest
und wohlgehen lässt.
Du bist treu und belebst die Toten.
  Gelobt seist du, Ewiger,
  der du die Toten wiederbelebst!

Gottes Heiligkeit

Heilig bist du, und heilig ist dein Name.
Alle Tage preisen dich die Frommen. Sela.
  Gelobt seist du, Ewiger, heiliger Gott!

Um Einsicht

Du zeichnest den Menschen mit Verstand aus,
und lehrst den Menschen Einsicht.
Zeichne uns aus mit Verständnis, Einsicht und Verstand.
  Gelobt seist Du, Ewiger,
  der du mit Verstand auszeichnest.

Um Rückkehr

Bringe uns zurück, unser Vater, zu deiner Tora.
Bringe uns näher, unser Gebieter,
zu deinem Gottesdienst,
und lass uns zurückkehren
in vollständiger Umkehr zu dir.
Gelobt seist du, Ewiger,
der an Umkehr Gefallen findet.

Um Verzeihung

Vergib uns, unser Vater, denn wir haben gesündigt,
verzeih uns, unser Gebieter, denn wir haben Übel getan.
Denn verzeihend und vergebend bist du.
Gelobt seist du, Ewiger,
der du die Sünden verzeihst.

Um Erlösung

Blicke auf unsere Not. Führe unseren Streit
und erlöse uns bald um deines Namens willen,
denn du bist ein starker Erlöser.
Gelobt seist du, Ewiger,
der erlöst.

Um Heilung

Heile uns, Ewiger, dann werden wir geheilt.
Hilf uns, dann wird uns geholfen.

Unsere Lobpreisungen gelten dir.
Und bringe vollständige Genesung
auf all unsere Verletzungen.
Denn ein Gott und Herrscher, der heilt, bist du,
wahrhaft und erbarmend zugleich.
Gelobt seist du, Ewiger,
der Kranke heilt.

Um ein segensreiches Jahr

Segne uns, Ewiger, unser Gott, dieses Jahr
und allen seinen Ertrag zum Guten.
Gib Tau und Regen zum Segen
auf die Oberfläche der Erde
und sättige uns mit deinen Wohltaten.
Und segne unser Jahr wie die besten Jahre.
Gelobt seist du, Ewiger,
der du die Jahre segnest.

Um Sammlung der Zerstreuten

Lass das große Schofar zum Zeichen unserer Befreiung
tönen und erwirke ein Wunder,
um uns zu befreien von den vier Enden der Erde.
Gelobt seist du, Ewiger,
Beistand seines Volkes Jisrael.

Um Recht

Setze gerechte Richter ein und lass Frieden walten,
und halte uns fern von Kummer und Leid.
Herrsche du allein
in Gnade und Erbarmen über uns, Ewiger.
Und lass uns Gerechtigkeit im Rechtsspruch angedeihen.
    Gelobt seist du, Ewiger,
    der du Gerechtigkeit und Rechtsspruch liebst.

Gegen Verleumdung

Der Verleumdung sei keine Hoffnung.
Lass alle Bosheit verschwinden,
die Boshaftigkeit
möge in unseren Tagen ausgelöscht werden.
    Gelobt seist du, Ewiger,
    der das Böse zerbricht und die Boshaftigkeit auslöscht.

Für die Gerechten

Den Gerechten, den Frommen und den Weisen
und den wenigen Schriftgelehrten,
denen, die sich uns bewusst angeschlossen haben,
und auch uns wende deine Liebe zu,
Ewiger, unser Gott.
Und gib guten Lohn allen,
die deinem Namen fest vertrauen.

Möge unser Teil dem Ihrigen gleich sein,
damit unser Vertrauen zu dir nicht beschämt wird.
Gelobt seist du, Ewiger,
Stütze und Zuversicht aller Gerechten.

Für Jerusalem

Nach Jerusalem, deiner Stadt, lass Liebe zurückkehren
und errichte sie wieder, wie es verheißen ist.
Gelobt seist du, Ewiger,
der du Jerusalem berufen hast.

Um Erhören des Gebets

Höre unsere Stimme, Ewiger, unser Gott,
sei gnädig und erbarme dich über uns,
und nimm unser Gebet barmherzig und
wohlgefällig auf.
Denn du erhörst die Gebete und Bittgebete.
Und vor dir, unser Gebieter,
ist kein leerer Ort für unsere Umkehr.
Denn du erhörst die Gebete deines Volkes Jisrael,
die Gebete in allen Sprachen barmherzig.
Gelobt seist du, Ewiger,
der du die Gebete erhörst.

Um Wohlgefallen des Dienstes

Habe Gefallen, Ewiger, unser Gott,
an deinem Volk Jisrael,
und nimm sein Gebet in Wohlgefallen an.
Der Gottesdienst deines Volkes Jisrael
sei dir zum Wohlgefallen.

Bei Neumond fügt man hier ein:

Unser Gott und Gott unserer Väter,
es bleibe in Erinnerung unseres Gedenkens
und Dienstes vor dir:
die Erinnerung an unsere Vorfahren,
die Erinnerung an den Sohn Davids, deines Knechtes,
die Erinnerung an Jerusalem, deine heilige Stadt,
die Erinnerung an dein ganzes Volk, das Haus Jisrael.
Sie steige empor, sie komme, sie gelange zu dir,
sie werde sichtbar, sie werde wohlgefällig
aufgenommen,
sie werde gehört und sie werde bedacht:
die Errettung zum Glück, zur Gunst, zur Gnade,
zum Erbarmen, zum Leben und zum Frieden
am Tag des Neumonds.
Gedenke unser, Ewiger, unser Gott, an ihm zum Glück,
bedenke uns an ihm zum Segen
und hilf uns an ihm zum Leben.
Durch das Wort der Hilfe und des Erbarmens
schone uns und sei uns gnädig.
Erbarme dich unser und hilf uns.
Auf dich sind unsere Augen gerichtet,

denn ein gnädiger und barmherziger Gebieter und Gott bist du.
Unsere Augen mögen deine Rückkehr nach Zion
in Barmherzigkeit bezeugen.
Gelobt seist du, Ewiger,
der seine göttliche Anwesenheit in Zion
wiederherstellt.

Danksagung

Wir bekennen uns zu dir, denn du bist der Ewige,
unser Gott und der Gott unserer Väter,
für immer und ewig.
Der Fels unseres Lebens, der Schild unseres Heils
bist du von Generation zu Generation.
Wir wollen dir danken und deinen Ruhm verkünden
wegen unserer Leben, die in deine Hand gegeben,
und unserer Seelen, die dir anvertraut sind,
und wegen der Wunder, die uns täglich begleiten,
auch wegen der Zeichen und Wohltaten,
die zu allen Zeiten, abends, morgens und mittags,
mit uns sind.
Allgütiger, dein Erbarmen hat kein Ende,
Allbarmherziger, deine Gnade hört nicht auf.
Seit jeher hoffen wir auf dich.
Für alles sei dein Name gepriesen und gerühmt,
unser Gebieter, dauernd, immer und ewig.
Alle Lebenden danken dir. Sela.
Mögen sie deinen Namen in Wahrheit anrufen:

Gott unserer Erlösung und unserer Hilfe. Sela.
Gelobt seist du, Ewiger,
Allgütiger ist dein Name,
und es gebührt sich, dir zu danken.

Um Frieden

Am Morgen:

Lass Frieden, Glück und Segen, Gunst,
Gnade und Erbarmen
über uns und ganz Jisrael, dein Volk, kommen.
Segne, unser Vater, uns alle,
vereint durch das Licht deines Angesichts.
Im Licht deines Angesichts gabst du uns,
Ewiger, unser Gott, die Tora des Lebens
und die Liebe zur Milde und Menschlichkeit,
und Gerechtigkeit, Segen, Erbarmen, Leben und Frieden.
Gut ist es in deinen Augen,
dein Volk Jisrael zu jeder Zeit und jeder Stunde mit
deinem Frieden zu segnen.
Gelobt seist du, Ewiger,
der sein Volk Jisrael mit Frieden segnet.

Am Nachmittag und Abend:

Fülle des Friedens lege auf dein Volk Jisrael
für immer,
denn du bist unumschränkter Gebieter
allen Friedens.

Gut ist es in deinen Augen,
dein Volk Jisrael zu jeder Zeit und jeder Stunde
mit deinem Frieden zu segnen.
Gelobt seist du, Ewiger,
der sein Volk Jisrael mit Frieden segnet.

In Stille

Mein Gott, bewahre meine Zunge vor Bösem
und meine Lippen, Falsches zu reden.
Meine Seele schweige denen gegenüber,
die mich verfluchen,
allem gegenüber sei meine Seele wie Staub.
Öffne mein Herz deiner Tora,
meine Seele folge deinen Geboten.
Alle, die Böses gegen mich planen,
ihre Absicht möge bald vereitelt,
ihre Gedanken zerstört werden.
Mögen die Worte meines Mundes
und meine Herzensbitten Gnade vor dir finden,
Ewiger, mein Fels und Erlöser.
Der Frieden stiftet in den Himmelshöhen,
stifte Frieden unter uns und ganz Jisrael!
Sprecht: Amen!

VII, 62–74

Gaben und Aufgaben

Ewiger, mein Gott, ich danke Dir,
dass Du mir so viele Gaben gegeben hast.
Lass mich bewusst unter Deiner Leitung
mein Leben führen.
Gib mir Kraft, im Vertrauen auf Deine Hilfe
die Aufgaben und Anforderungen
meines Lebens zu bewältigen.
Mir und anderen möchte ich
zu einem sinnvollen Leben verhelfen.
Vielen möchte ich zum Segen werden.
Darum bitte ich Dich
um Deine Kraft, um Deinen Beistand.

V, 21

Mein Gott, lehre mich

Mein Gott,
lehre mich zu ertragen
das Glück der Zeit,
die vorübereilt und nicht zurückkehrt.

Lehre mich zu ertragen
das Joch der Gewohnheit,
die so leicht zu verzichten weiß.

Lehre mich zu ertragen
den Schmerz des Verzichts,
von dem nichts übrig bleibt.
Ora Ilan-Guttmann

IV, 252

Ein Mensch, der betet

Ja, es kommt auch in diesen, unseren Tagen vor,
dass sich plötzlich ein Mensch hinstellt und betet;
und dieser Mann ist nicht in einen Tallit gehüllt –
seine Krawatte ist geknüpft
und seine Schuhe sind geputzt,
und er fällt nicht im Heiligtum in die Knie,
nicht im Haus des Gebets –
mitten in der City, neben der Tramhaltestelle,
während er auf den Wagen
der Nummer so-und-so wartet,
stellt er sich hin und betet zu dem Einzigen,
von dem er spürt:
Er ist!
Jizchak Lamdan

IV, 261–262

Gottes Gebot

So wurde Abend und wurde Morgen, jener sechste Tag.
Da wurden vollendet die Himmel,
die Erde und ihr ganzes Heer.
So hatte Gott am siebenten Tage Gottes Werk vollendet,
das Gott gemacht;
Gott ruhte am siebten Tag von allem Werk,
das Gott gemacht.
Gott segnete den siebten Tag und heiligte ihn.
Denn an demselben ruhte Gott von allem Werk,
das Gott erschaffen und gemacht hatte.

VII, 186

Erinnere dich stets an den Ruhetag, um ihn zu heiligen.
Sechs Tage kannst du arbeiten
und all dein Geschäft verrichten.
Der siebente Tag aber ist ein Ruhetag, dem Ewigen,
deinem Gott zu Ehren.
Du sollst kein Handwerk verrichten,
weder du selbst noch dein Sohn oder deine Tochter,
dein Sklave, deine Sklavin,
auch nicht durch dein Vieh oder durch den Fremden,
der sich in deinen Toren aufhält.
Denn in sechs Tagen hat der Ewige
Himmel, Erde und Meer nebst allem, was darin ist,
verfertigt und am siebenten Tag geruht.

Darum hat der Ewige den Tag der Ruhe gesegnet
und ihn für heilig erklärt.

VII. 249

Nach sechs arbeitsreichen Werktagen

Du Schöpfer von Gnade und Segen, sei mit uns
bei unseren Gebeten an diesem Schabbat-Abend.
Die Schabbatfreude folgt der Werktagswoche,
und unser aufgeregtes Gemüt findet Ruhe und Trost.
Mit Dankgebeten wenden wir uns Dir zu,
um diesen Tag zu heiligen.

Befreie uns von unsren Sünden
durch Deine Gnade,
gib uns Kraft, Gutes zu tun.
Reinige uns von Selbstsucht,
und erfülle uns mit dem Streben
nach Güte und Wahrheit.
Erhelle das Dunkel in unseren Seelen,
und segne unsere Wohnungen
und die, die wir lieben.
Mögen wir Deinen Bund ewig halten,
denn Deine Hilfe ist gewiss.
Möge der Segen dieses Schabbats
nicht allein für uns kommen, sondern für alle.
Denn im Geben finden wir Befriedigung,

im Dienen wahre Freiheit,
und indem wir andere glücklich machen,
finden wir selbst das Glück.
Durch uns möge sich das Wort erfüllen
»alle Familien der Welt werden glücklich sein
durch Dich«.
Amen.

I, 10

Lass uns Ruhe, Zeit und Frieden finden

Herr der Schöpfung,
Du hast uns zu Herrschern Deiner Welt gemacht,
sie zu führen, ihr zu dienen und sie zu genießen.
Sechs Tage lang nehmen wir Maß und bauen,
wir berechnen und tragen die wirkliche und
vermeintliche Bürde unserer Pflichten,
unseren Erfolg und Misserfolg.
An diesem Schabbat-Tag, gib uns Ruhe.
Sechs Tage lang, wenn wir erschöpft sind
und geschunden durch unsere Umgebung,
wenn wir uns als Übermenschen wähnen
oder anderen Schmerz bereiten,
gibt es keinen Augenblick,
in dem wir uns auf uns selber und auf das,
wie wir sein sollten, besinnen könnten.
An diesem Schabbat-Tag gib uns Muße.

Während sechs Tagen werden wir hin und her gerissen
zwischen unseren eigenen Bedürfnissen
und den Nöten anderer,
zwischen dem Lärm unserer Umwelt
und dem stillen Gebet unserer Seele.
An diesem Schabbat-Tag,
gib uns Verständnis und Frieden.
Hilf uns, Herr,
das Wissen um Ruhe und Muße,
um Verständnis und Frieden,
in die sechs Tage hineinzutragen, die vor uns liegen,
und so Segen in unseren Werktag zu bringen.
Amen.

I, 10

Wir preisen Dich, Quelle des Friedens

Wir segnen den Herrn, der Streit besiegt,
der allen Hass beseitigt,
der seine Schöpfung mit Wohlklang erfüllt.
Wir preisen den unsichtbaren Gott,
der alle seine Geschöpfe mit unsichtbaren Fäden aus
Dienst und Liebe am Nächsten zusammenbindet.
Wir ehren den Herrn,
der uns vom Weg der Grausamkeit abgebracht
und uns auf den Weg zur Güte geführt hat.
Wir beugen unser Haupt vor seiner Hoheit,

die uns Bescheidenheit lehrt
und Achtung vor den kleinsten Dingen der Schöpfung.
Wir verherrlichen die Quelle des Friedens,
denn Friede ist das Tor zur Vollendung,
und in Vollendung ist Ruhe.
Herr, öffne unsere Augen der Schönheit der Welt
und ihrer Güte.
Lass uns Diener sein Deines Friedens,
der alles Leben zusammenhält:
die Liebe von Mutter und Kind,
die Treue unter Freunden,
und die Freundschaft zwischen Mensch und Tier.
An diesem Schabbat-Tag der Ruhe erkennen wir
diesen Wohlklang von Neuem
und Deine Gegenwart darin.
Zusammen mit der ganzen Schöpfung preisen wir Dich
und verkünden die Einheit Deines Namens.
Amen.

I, 12

Zu Schabbat-Beginn

Vorüber sind die Tage der Arbeit,
und es nahet der gottgeweihte Tag,
den Du, o Herr, eingesetzet hast,
dass er uns sei ein Tag der Ruhe und Sammlung,
ein Tag der Veredlung und Beseligung.

Mit innigem Danke schauen wir zurück
auf die Wohltaten, welche wir in den Werktagen
aus Deiner Hand empfangen haben.
Möge nun mit dem Schabbat einziehen
Erleuchtung und Heiligung in unsere Seelen,
Kraft und Ruhe in unsere Herzen,
Weihe und Frieden in unsere Häuser,
Frömmigkeit und Einigkeit in unsere Gemeinden.
Amen!

I, 5

»Lecha Dodi« – Lied zur Begrüßung des Schabbat

Refrain: Auf, mein Liebster, der Braut entgegen,
das Antlitz des Schabbats wollen wir empfangen!

»Hüte« und »gedenke« des Schabbattages,
in einem Wort ließ es uns der einzige Gott vernehmen.
Einzig ist der Ewige und sein Name einzig,
zur Ehre und Herrlichkeit und zum Ruhm.

Dem Schabbat lasst uns entgegengehen,
sie (die Braut Schabbat) ist des Segens Spenderin,
von Anbeginn in der Vorzeit war sie gekrönt,
des Schöpfungswerkes Abschluss, im Plane das Erste.

Heiligtum des Gebieters, Residenzstadt,
auf, erhebe dich aus der Zerstörung.
Du hast lang geweilt im Tale des Weinens,
er erbarmt sich über dich in Liebe.

Schüttle ab den Staub, erhebe dich,
zieh deine Prachtgewänder an, mein Volk,
durch Jischais Sohn, den aus Bet Lechem,
naht meiner Seele der Erlöser.

Erwache, erwache, dein Licht geht auf.
Auf, leuchte – erwache, erwache,
stimme den Lobgesang an.
Die Herrlichkeit des Ewigen wird über dir offenbar.

Du wirst nicht beschämt sein, nicht erröten,
was beugst du dich, was klagst du?
Bei dir werden meines Volkes Arme sich bergen,
und die Stadt wird auf ihrer Trümmerstätte erbaut.

Zur Beute werden deine Plünderer
und weichen müssen, die dich zerstört.
Es freut sich über dich dein Gott,
wie sich der Bräutigam freut über die Braut.

Nach Süd und Nord wirst du dich ausbreiten
und den Ewigen rühmen durch den Mann,
den Sohn des Perez (den Gesalbten),
dass wir uns freuen und jubeln.

Kehre ein in Frieden, Krone des Mannes,
ja in Freude und Frohlocken,
bei des auserwählten Volkes Treuen,
kehre ein, Braut, kehre ein, Braut!

Sch'lomo ha-Levi Alkabez
Übersetzung nach Rabbiner Selig Bamberger (1872–1936)

VII, 151–153

Psalm für den Schabbat: Psalm 92

Schön ist's, dem Ewigen zu danken
und zu spielen deinem Namen, Höchster;
Zu verkünden am Morgen deine Huld,
und deine Treue in den Nächten,
Auf dem Zehnsait und auf dem Psalter,
mit dem Getön der Zither.
Denn erfreut, Ewiger, hast du mich durch deine Tat,
ob den Werken deiner Hände juble ich.
Wie groß sind deine Werke, Ewiger,
wie sehr tief deine Gedanken!
Der Dumme erkennt nicht,
und der Tor sieht solches nicht ein.
Wenn aufblühen die Frevler wie Gras,
und sprossen alle Übeltäter, –
dass sie getilgt werden auf ewig.
Du aber bist ewiglich erhaben, Ewiger.

Denn siehe deine Feinde, Ewiger,
denn siehe deine Feinde gehen unter,
es zerstreuen sich alle Übeltäter.
Und du erhöhest, wie des Reëm, mein Horn,
ich bin getränkt mit frischem Öle.
Und es schauet mein Auge auf meine Laurer,
von den Bösewichtern, die wider mich aufstehen,
hört mein Ohr.
Der Gerechte, Palmen gleich blüht er,
wie die Zeder auf Lebanon schießt er empor.
Gepflanzt im Hause des Ewigen,
in den Höfen unseres Gottes blühen sie.
Noch im Greisenalter sprossen sie,
sind markig und belaubt,
Zu verkünden, dass redlich ist der Ewige,
mein Hort, und kein Tadel ist an ihm.

X, 555

Halte uns – gedenke unser

Unser Gott und Gott unserer Väter,
wir alle sind Israel.
In Deinem Dienste sind wir alt an Erfahrung
und jung im Hoffen geworden.
Beides tragen wir zuinnerst
in unseren Herzen und in unserem Verstand.

An diesem Schabbat-Tag wenden wir uns Dir zu
mit neu-geöffneten Augen,
mit neu-geweckter Hoffnung,
indem wir alle Sorgen und Zweifel, die auf uns lasten,
von uns abschütteln.

Wir alle sind Israel,
geschaffen nach Deinem Versprechen,
aufgewachsen in Deinem Segen,
erfüllt von Deiner Aufgabe,
erfrischt vom Schabbat Deiner Liebe.

Wir alle sind Israel,
geheiligt durch Dein Wort,
erleuchtet durch Deine Tora,
gerecht durch Deine Gebote,
erfrischt durch den Schabbat Deiner Erholung.

An diesem Schabbat-Tage – halte uns.
An diesem Schabbat-Tage – gedenke unser,
so wie wir den Schabbat-Tag
halten und seiner gedenken,
um ihn zu heiligen.
Amen.

I, 8

Schabbat-Schalom

Herr, ein Geheimnis umgibt mein Dasein.
Was davor liegt und was nachher kommt,
ist mir verborgen.
Mein Leben ist so kurz, und Dein Weltall ist so weit.
Aber im Dunkel bist Du gegenwärtig,
und im Geheimnis ist Deine Liebe.
Meine Väter haben ihre Hoffnung in Dich gesetzt,
und Du legtest Güte in ihre Herzen
und Friede in ihren Sinn.
Möge ich werden wie sie
und gleich ihnen belohnt werden.

Überall und immer höre ich Deine Stimme in mir.
Sie führt mich auf den Wegen der Ehrlichkeit
und der Barmherzigkeit.
Sie zeigt mir Wahrheit und Güte.
Manchmal habe ich Mühe, Dich zu hören,
und manchmal fällt es mir schwer, Dir zu folgen;
und ich weiß, dass ich dann verloren bin.

In der Ruhe des Schabbats
wenden sich meine Gedanken zu Dir.
Hilf mir, Deine Stimme zu hören,
Dein Bild in meiner Seele zu schauen
und Deinen Frieden zu finden.
Amen.

I, 68

Von Ewigkeit zu Ewigkeit bist du Gott

Im Jahreskreis der Feste

Hallel

An Festtagen und an Neumond-Tagen wird das Hallel gebetet, das heißt der biblische Lobgesang der Psalmen 113 bis 118.

Gelobt seist du, Ewiger, unser Gott, Gebieter der Welt,
der du uns geheiligt durch deine Gebote
und uns befohlen hast, Hallel zu lesen.

Psalm 113

Halleluja / Lobet, Diener des Ewigen,
lobt den Namen des Ewigen!
Gepriesen sei der Name des Ewigen,
von nun an und in Ewigkeit.
Vom Aufgang bis zum Niedergang,
gelobt der Name des Ewigen!
Der Ewige ist über alle Völker erhaben;
über die Himmel sein Ruhm erhaben.
Wer ist wie unser Gott, der Ewige? / Thront so hoch?
Schaut so tief? / Im Himmel? – auf Erden?
Richtet den Geringen auf vom Staub;
erhöht den Armen aus dem Schmutz;
neben Fürsten ihn zu setzen,
neben Fürsten seines Volks.
Belebt das Haus der Kinderlosen;
lässt sie frohe Mutter werden.
Halleluja!

Psalm 114

Als Jisrael auszog aus Ägypten;
Jakobs Haus vom Barbarenvolk;
da ward sein Heiligtum die Tochter Juda;
die Tochter Jisrael sein Reich.
Das Weltmeer sah und floh; / der Jordan wich zurück.
Berge hüpften wie Widder, / Hügel wie Lämmer.
Was ist dir, Weltmeer, dass du fliehest?
Dir, Jordan, dass du weichst?
Berge, dass ihr hüpft wie Widder? / Hügel, wie Lämmer?
Vor dem Herrn erbebe, Erde!
Vor dem Gott Jakobs!
Der Fels in Wasser wandelt: / Kieselstein in Quellen.

Psalm 115

Nicht uns, Ewiger, nicht uns;
deinem Namen selbst gib Ehre,
um deiner Güte und Wahrheit.
Was sollen Heiden sprechen:
»Wo ist denn nun ihr Gott?«
Ist doch unser Gott im Himmel,
und schaffet was er will.
Jener Götzen, golden, silbern,
sind der Menschenhände Arbeit.

Haben Mäuler, reden nicht;
haben Augen, sehen nicht;
haben Ohren, hören nicht;
riechen nichts mit ihrer Nase;
ihre Hände greifen nicht;
ihre Füße gehen nicht;
sie reden nicht durch ihre Kehle.
Die solche machen, sind wie sie,
die auf sie hoffen, alle so.
Vertrau dem Ewigen, Jisrael,
er ist ihr Helfer und Schild!
Vertrau dem Ewigen, Aarons Haus!
Er ist ihr Helfer und Schild!
Vertraut dem Ewigen, Gottverehrer!
Er ist ihr Helfer und Schild!

Der Ewige ist unser eingedenk; segnet Jisraels Haus;
segnet Aarons Haus; segnet Gottesverehrer,
die Kleinen samt den Großen.
Der Ewige mehre euch, euch und eure Kinder,
ihr seid des Ewigen Gesegnete,
der den Himmel und die Erde schuf.
Der Himmel ist des Ewigen Himmel,
die Erde gab er Menschenkindern.
Tote preisen nicht den Ewigen,
noch die hinab zum Ort des Schweigens fahren.
Wir aber preisen ihn, den Ewigen,
von nun an und in Ewigkeit. Halleluja!

Psalm 116

Lieb ist es mir, dass der Ewige
mein Schreien erhört, mein Flehn.
Er hat sein Ohr mir zugeneigt;
nun ruf ich an, so lang' ich lebe.
Umfangen mich des Todes Stricke;
ergreift mich die Angst der Hölle;
drückt mich Jammer und Not:
So ruf ich an des Ewigen Namen:
Ach Ewiger, errette meine Seele!
Barmherzig ist der Ewige und allgerecht;
mitleidsvoll ist unser Gott.
Einfaltselige beschützt der Ewige.
Elend war ich, doch er half mir aus.
Seele, kehre nun in deine Ruhe ein!
Der Ewige will wohl dir tun.
Du befreist vom Tode meine Seele,
mein Auge von Tränen,
meinen Fuß vom Gleiten.
So wandle ich vor dem Ewigen noch,
im Lande der Lebendigen,
ich glaube, darum rede ich;
gar tief bin ich gebeugt.
Ach, ich sprach in meinem Zagen:
Vergängliches Wesen ist der Mensch!

Wie soll ich nun dem Ewigen erwidern,
alle Wohltat, die er mir erzeigt?

Den Kelch des Heils will ich ergreifen,
verkünden laut im Namen des Ewigen.
Meine Gelübde bezahle ich dem Ewigen;
wie gern, vor allem seinem Volke!
Vor dem Ewigen wertgehalten
ist seiner Frommen Tod!
Ach Ewiger, ich dein Knecht,
Sohn deiner Magd, dem du die Fessel löstest,
Dankopfer bring' ich dir,
verkünde laut im Namen des Ewigen.
Meine Gelübde bezahle ich dem Ewigen;
wie gern, vor allem seinem Volke!
In den Höfen, am Tempel des Ewigen,
in deiner Mitte, mein Jerusalem!
Halleluja!

Psalm 117

Lobt den Ewigen, ihr Völker alle.
Rühmt ihn, alle Nationen!
Seine Güte waltet über uns,
Seine Treu' in Ewigkeit.
Halleluja!

Psalm 118

Dankt dem Ewigen!
Denn er ist freundlich,
ewig währt seine Güte.
So singe Jisrael:
Ewig währt seine Güte.
So singe Aarons Haus:
Ewig währt seine Güte.
So singen, die den Ewigen verehren:
Ewig währt seine Güte.

In Angst rief ich die Gottheit an:
Der Gottheit Antwort schuf mir Raum.
Der Ewige ist mein; ich fürchte nichts.
Was kann der Mensch mir tun?
Der Ewige ist mein und steht mir bei:
Ich werde Lust an Feinden schauen.
Besser ist es, dem Ewigen vertrauen
als auf Menschen sich zu verlassen.
Besser ist es, dem Ewigen vertrauen
als auf Fürsten sich zu verlassen.
Lasst alle Heiden mich umgeben:
Beim Ewigen, ich zerhaue sie!
Hier umgeben, dort umgeben;
beim Ewigen, ich zerhaue sie!
Wie Bienen umschwärmen,
wie Dornen Flamm' umlodern:
Beim Ewigen, ich zerhaue sie!

Wenn alles zustürmt, mich zu stürzen;
der Ewige steht mir bei.
Er ist mein Sieg, mein Saitenspiel;
er ward mir zum Triumph!
Freudenausruf, Siegeslied.
Schallt in Hütten der Tugendverehrer:
»Die Rechte des Ewigen erkämpft den Sieg!
Die Rechte des Ewigen, erhaben;
die Rechte des Ewigen erkämpft den Sieg!«

Nein, noch sterbe ich nicht; ich lebe,
erzähle die Taten der Gottheit;
züchtigen will mich nur die Gottheit;
überlässt mich nicht dem Tode.
Tut mir auf die Pforten der Tugend!
Ich gehe hinein und danke dem Ewigen.
»Hier ist zum Ewigen die Pforte!
Rechtschaffne gehen da hinein.«

Ich danke, dass du mich gezüchtigt,
und wieder Hilfe mir erzeigst.
»Der Stein, den Bauende verwarfen,
er ist zum Eckstein worden!«
Das ist vom Ewigen geschehen,
wunderbar in unsern Augen!
»Diesen Tag gab uns der Ewige,
lasst uns ihn feiern mit Wonnegesang!«

Ach, Ewiger, o steh uns bei!
Ach, Ewiger, o steh uns bei!
Ach, Ewiger, lass wohlgelingen!
Ach, Ewiger, lass wohlgelingen!

»Willkommen im Namen des Ewigen;
wir aus des Ewigen Tempel grüßen, willkommen!
Gott, der Ewige, lässt uns sein Antlitz leuchten.
Führt her das Opfer mit Myrten gebunden;
hierher, bis an die Hörner des Altars!«
Mein Gott bist du! Dir will ich danken;
mein Gott! Dich will ich erheben.
Dankt dem Ewigen, denn er ist freundlich:
Ewig währet seine Güte!

Es lobpreisen dich, Ewiger, unser Gott,
alle deine Werke und deine Frommen,
die Gerechten, die deinen Willen tun,
sowie dein ganzes Volk, das Haus Jisrael.
Sie danken dir mit Jubel,
verherrlichen, preisen, rühmen,
erheben deinen Namen,
unser Gebieter, und huldigen ihm.
Schön ist es, dir zu danken,
und angenehm, deinen Namen zu besingen,
denn von Ewigkeit zu Ewigkeit bist du Gott.
Gelobt seist du, Ewiger,
Gebieter, hochgerühmt in Lobliedern.

VII, 252–263

Neujahr – Rosch ha-Schana
Tag der Erinnerung und Rechenschaft

Bitte für das Neue Jahr

Himmlischer Vater!
In dieser heiligen Stunde,
da das alte Jahr in die Nacht versinkt,
erhebt sich unsre Seele andachtsvoll zu Dir.

Zu Dir tragen wir all unsere Gefühle und Gedanken,
zu Dir all unsere Wünsche
zu Dir tragen wir unseren Dank,
dass Du uns dieses Neujahr wieder hast erleben lassen
dass Du das vergangene Jahr über uns wachtest.

Es ist jeden Morgen ein neues Wunder
wenn das Sonnenlicht wieder aufgeht
wenn wir gesund sind
wenn WIR aus der Fülle der Speisen
zu essen haben
wenn wir in unseren Gebeten den Weg zu DIR finden
und wenn wir in Frieden leben dürfen.

Auch dunkle Wolken jagten
über Deine hellglänzende Welt;
auch von Schmerz und Tränen
erzählt uns das scheidende Jahr,
von zerstörtem Glück und zertrümmerten Hoffnungen.

Das dahingehende Jahr mahnt uns,
dass unsere Jahre schwinden wie ein Hauch.
Ein Jahr um das andre
sinkt in das Grab der Vergangenheit,
und wir wissen nicht,
wie viele Jahre Du uns noch schenken wirst.

Darum flüchten wir zu Dir,
wir die Kinder der Zeit,
zu dem ewigen Vater,
um in Dir Halt und Zuversicht zu finden.

Und so bitten wir Dich:
Gib uns Kraft und Stärke!
Heilige unsere guten Taten!
Lindere unsere Schmerzen!
Heile die Kranken!
Erhalte unsre Seele
in Zufriedenheit mit unserm Schicksal,
gib uns allen Hoffnung und Mut!

Lass, himmlischer Vater, dieses Jahr
für uns, für ganz Israel
und alle Menschen guten Willens,
werden ein Jahr des Lebens und der Zuversicht,
des Friedens und des Segens!
Amen! Amen!

A. N.

Gott regiert

Einig-einziger Gott!
Du hast durch den Mund Deines Propheten
das Wort des Wohlergehens für alle Bewohner der Erde
ergehen lassen:
»Wendet euch zu mir,
all ihr Enden der Welt,
dass es euch wohlergehe.
Denn ich bin Gott und keiner außer mir!
Bei mir habe ich geschworen;
aus meinem Munde kommt das Wohlergehen,
die Verkündigung, die nicht zurückgeht:
Vor mir beugt sich jedes Knie,
mir schwört jede Zunge.
Bei Gott allein ist Milde und Macht,
durch mein Wort wird gerecht werden
und gerecht sein
und sich rühmen die ganze Gemeinde Israel.«
Und so wollen wir das Knie beugen vor dem Ewigen,
unserem Gott und Schöpfer,
zu dem sich Israel zu allen Zeiten
als den einig-einzigen Gott bekannt hat.
Amen!

A. N.

Das vergangene Jahr

Allgegenwärtiger, allwissender Gott!
Du kennst des Menschen Herz,
durchforschst sein Inneres,
kennst die geheimsten Regungen unserer Seele,
mit allen unseren Wegen bist Du vertraut.
Vor Dir gibt es keine Täuschung,
vor Dir kein Verhüllen.
Wer von uns wollte vor Dir rein sich nennen
und von sich selber sprechen:
Ich habe nicht gesündigt!
Nein, wir alle wissen und bekennen es:
Wir haben uns schwer vergangen,
wir haben gesündigt gegen Dich,
wissentlich und unwissentlich.
Wir haben durch unsern Wandel
Deinen heiligen Namen entweiht,
haben die Treue gegen Überzeugung und Wahrheit gebrochen
um Besitz, um nichtigen Gewinn,
haben im Glück uns überhoben
und undankbar Dich vergessen;
haben im Unglück uns schwach erwiesen,
haben gemurrt.
Wir sind nicht immer Deinen Wegen nachgegangen.
Vergib deinen Kindern,
verzeihe Schuld denen,
die in aufrichtiger Reue zu Dir zurückkehren,

wie Du durch Deinen Propheten verheißen hast:
»Es verlasse der Frevler seinen Weg
und der sündige Mensch seine Gedanken
und kehre zurück zum Ewigen, der sich sein erbarmt,
und zu unserm Gott, der immer wieder verzeiht.«
Amen!

A. N.

Gott wartet auf die Umkehr der Menschen

Bis zum Todestag eines Menschen wartest du
auf seine Umkehr, um ihm Leben zu schenken.
Wie kann ein Mensch bestehen, wo selbst das
himmlische Heer in deinen Augen nicht besteht?
Wenn schon grünes Holz vom Feuer verzehrt wird,
was geschieht dann mit trockenem Gras?
Vor dir sind offenbar Dunkelheit und Licht,
du erfasst alles mit einem Blick.
Deine Wohnung ist verborgen,
doch offenbar ist dir alles Verborgene.
Der einzige Richter, er ist es allein,
und wer könnte ihm entgegnen?
Mit gleichem Maße misst er Volk und Mensch,
und niemand kann einen Vorwurf erheben.
Folgendes verstehe jedes Geschöpf,
so dass es sich beherrsche
und sich nicht gegen den Schöpfer vergehe:
Die Hülle seines Ursprungs,
das Loch, das gegraben wird,
die Rechenschaft vor dem Schöpfer.
Unrein von innen, verunreinigt von außen,
und verunreinigend im Tod.
Die Tage seines Lebens sind Irrsal
und seine Nächte Wirrsal
und seine Angelegenheiten eitel.
Er gleicht einem Traum nach dem Erwachen,
immer geängstigt von Schrecken.

Nachts schläft er nicht,
und tags hat er keine Ruhe, bis er im Grab liegt.
Was beklagt sich der Mensch, dass er lebt –
genug ist doch, dass er lebt.
Zu Erschöpfung und Mühe wurde er geboren,
glücklich, wenn seine Mühe der Lehre der Wahrheit gilt.
Sein Ende zeugt von seinem Anfang – wozu heucheln?
Sein Siegel bezeugt sein Tun, wie will er betrügen?
Wer gerechte Taten vollbracht hat,
den begleiten sie in sein ewiges Haus.
Wer sich mit Weisheit beschäftigt hat,
bei dem wohnt sie im Alter.
Wer sich Geld und Betrug gewidmet hat,
dessen Tage werden verkürzt.
Wer Freude und Gefallen an Rechtschaffenen hatte,
blüht auf im Greisenalter.
Wer sich einen guten Namen erworben hat,
hat ihn auf ewig erworben.
Darum ist der Tag des Todes besser
als der Tag der Geburt.
Wer ist wie du, Vater des Erbarmens!
Du gedenkst in Barmherzigkeit deiner Geschöpfe
und verleihst ihnen Leben.
Du bist treu und belebst die Toten.
Gelobt seist du, Ewiger,
der du die Toten belebst!

VI, 181

Öffne die Himmelstore

Jedes Gebet und jedes inbrünstige Flehen,
das hier aus den Herzen aller hier Versammelten
zu Dir emporgestiegen ist,
möge von Dir erhört werden.
Wir hoffen,
dass jeder die Schäden seines Herzens erkannt
und bußfertig versucht hat, sie wiedergutzumachen.
Wir beten, dass Du in Deinen Höhen uns erhörst
und jedem Gnade gewährst,
denn Du, Ewiger unser Gott,
Du allein kennst das Herz aller Menschenkinder.
Unser Vater, unser Gebieter,
öffne unserem Gebet die Himmelstore!
Amen.

A. N.

»Awinu Malkenu« – Unser Vater, unser Gebieter

Unser Vater, unser Gebieter,
wir haben vor dir gesündigt!
Unser Vater, unser Gebieter,
wir haben keinen Gebieter außer dir!
Unser Vater, unser Gebieter,
handle an uns um deines Namens willen!
Unser Vater, unser Gebieter,
erneuere uns ein gutes Jahr!

Unser Vater, unser Gebieter,
wende alle bösen Verhängnisse von uns ab!
Unser Vater, unser Gebieter,
bewahre uns vor Seuche, Schwert und Hunger!
Unser Vater, unser Gebieter,
verzeih und vergib uns alle unsere Sünden!
Unser Vater, unser Gebieter,
lass uns in vollkommener Umkehr zu dir zurückkehren!
Unser Vater, unser Gebieter,
sende vollkommene Heilung den Kranken
unseres Volkes!
Unser Vater, unser Gebieter,
gedenke unserer zum Guten vor dir!
Unser Vater, unser Gebieter,
schreibe uns ins Buch des guten Lebens!
Unser Vater, unser Gebieter,
schreibe uns ins Buch der Befreiung und Rettung!
Unser Vater, unser Gebieter,
schreibe uns ins Buch der Ernährung und Erhaltung!
Unser Vater, unser Gebieter,
schreibe uns ins Buch der Verdienste!
Unser Vater, unser Gebieter,
schreibe uns ins Buch der Verzeihung und Vergebung!
Unser Vater, unser Gebieter,
lass uns bald Rettung emporsprießen!
Unser Vater, unser Gebieter,
erhöhe die Kraft Israels, deines Volkes!
Unser Vater, unser Gebieter,
fülle unsere Hände mit deinem Segen!

Unser Vater, unser Gebieter,
höre unsere Stimme, sei gnädig und erbarmend über uns!
Unser Vater, unser Gebieter,
empfange unser Gebet mit Erbarmen und Wohlgefallen!
Unser Vater, unser Gebieter,
öffne unserem Gebet die Himmelstore!
Unser Vater, unser Gebieter,
erinnere dich, dass wir Staub sind!
Unser Vater, unser Gebieter,
lass uns nicht leer vor dir ausgehen!
Unser Vater, unser Gebieter,
diese Stunde sei eine Stunde des Erbarmens und eine wohlgefällige Zeit vor dir!
Unser Vater, unser Gebieter,
erbarme dich über uns und unsere Kinder und Kleinkinder!
Unser Vater, unser Gebieter,
handle an uns um derer willen, die für die Einigung und Heiligung deines Namens getötet wurden!
Unser Vater, unser Gebieter,
handle an uns um deinetwillen, wenn schon nicht um unseretwillen!
Unser Vater, unser Gebieter,
handle an uns gemäß deines großen Erbarmens!
Unser Vater, unser Gebieter,
sei gnädig und antworte uns, denn wir haben keine guten Werke, handle an uns in Gerechtigkeit und Huld und rette uns!

VI, 62–63

Versöhnungstag – Jom Kippur
Tag der Umkehr und Vergebung

Aus der Tiefe – Psalm 130

Aus den Tiefen ruf' ich dich, o Ewiger!
Herr, erhöre meine Stimme,
möge dein Ohr aufhorchen bei meines Flehens Stimme.
Wenn die Schuld du aufbewahrtest Jah – Herr,
wer könnte bestehen?
Aber bei dir ist die Vergebung,
auf dass du gefürchtet werdest.
Meine Seele harrt auf den Herrn,
mehr als Wächter auf den Morgen,
Wächter auf den Morgen.
Harre, Jisrael, auf den Ewigen;
denn bei dem Ewigen ist die Huld,
und reichlich bei ihm Erlösung.
Und er wird Jisrael erlösen von all seiner Schuld.

X, 569

Was sind wir?

Was ist der Mensch, dass Du seiner gedenkst,
der Erdensohn, dass Du auf ihn achtest.
Der Mensch gleicht dem Hauch,
seine Tage sind ein Schatten, der dahinzieht.

Am Morgen erblüht und sprießt er,
am Abend ist er dürr und welk,
Du lässt den Menschen zum Staub zurückkehren
und sprichst:
»Kehrt zurück ihr Menschenkinder!«
Der Ewige erlöst die Seelen seiner Getreuen
und keine geht verloren,
die auf Gott vertraut.

Gebet von Estrongo Nachama sel. A.
unter Verwendung von Psalmversen

A. N.

Wir sind von deinen Geboten abgewichen

Wir haben gesündigt.
Wir haben die Treue gebrochen.
Wir haben Unrecht getan.
Wir haben böse geredet.
Wir haben den Weg des Rechts verlassen.
Wir haben zur Sünde verleitet.
Wir haben in Übermut gehandelt.
Wir haben Gewalt geübt.
Wir haben uns durch Lüge entwürdigt.
Wir haben Böses geplant.
Wir haben falsche Reden geführt.
Wir haben gespottet.
Wir haben gemurrt.

Wir haben gelästert.
Wir haben das Gute verschmäht.
Wir haben uns schwer vergangen.
Wir haben uns tief verschuldet.
Wir haben gehasst.
Wir waren verstockt.
Wir haben gefrevelt.
Wir haben zerstört.
Wir haben Unwürdiges verübt.
Wir haben geirrt.
Wir haben in die Irre geführt.
Wir sind von deinen guten Geboten und Rechten abgewichen, zu unserem Unheil.
Und so bist du gerecht in allem, was über uns kommt,
denn du handelst in Wahrheit,
wir aber haben Böses getan.

VI, 135–136

Sündenbekenntnis

Du kennst mich, Ewiger,
Du blickst mir ins Herz.
Du kennst mein Sein,
auch was ich im Geist hege.
Noch eh es ausgestaltet ist,
meinen Wandel erschaust Du
und siehst alle meine Wege.
Der Lippe Laut, Du hörst ihn,

ganz umfangen bin ich von Dir,
auf mir liegt deine schützende Hand.
Wohin kann ich vor deinem Geist ziehen?
Wohin könnte ich, Ewiger, Deinem Antlitz fliehen?
Stiege ich zum Himmelszelt,
so wärst Du da,
Sänke ich in die Unterwelt,
so wärst du da.
Hätte ich Flügel von der Morgenröte
und ruhte an des Meeres letztem Rand,
mich würde auch dort Deine Rechte finden.
Auch dort deine Hand mich ergreifen, Ewiger.
Riefe ich die Finsternis mich einzuhüllen,
es käme Dein Licht und machte Nacht zum Tag.
Du hast meinen Leib, auch das Innere gebildet,
geschaffen mich in des Mutterleibes Schranken.
Ein Wunder Deiner Hände bin ich,
preisen will meine Seele Dich mit innigem Dank.
Die Tage alle, die Du mir beschieden,
hast Du schon gezählt,
im Buch vermerkt, eh noch einer gewesen.
Erforsche mich, Ewiger,
und prüf das Herz mir,
sieh, Ewiger, ob ich zum Unheil neige,
Ewiger, erleuchte mich
und zeige mir Deinen Weg!

Nach Psalm 139; Übersetzung M. A. Klausener (1848–1910)

A. N.

Die entgegengestreckte Hand Gottes

Du reichst den Frevlern die Hand,
und deine Rechte ist ausgestreckt,
diejenigen aufzunehmen, die umkehren.
Du hast uns gelehrt, Ewiger, unser Gott,
alle unsere Sünden vor dir zu bekennen,
damit wir aufhören, Gewalt zu üben,
unsere vollkommene Umkehr zu dir nimmst du an.
Was sind wir, was ist unser Leben,
was unsere Gunst, unsere Gerechtigkeit,
unsere Hilfe, unsere Kraft und unser Mut?
Was können wir dir denn sagen,
Ewiger, unser Gott, und Gott unserer Vorfahren?
Sind nicht alle Helden wie ein Nichts vor dir,
und Menschen mit großem Namen wie nicht gewesen
und Weise wie ohne Erkenntnis
und Verständige wie ohne Verstand?
Denn die meisten ihrer Werke sind wirr
und die Tage ihres Lebens sind eitel vor dir,
und der Mensch hat dem Tier nichts voraus,
denn alles ist eitel.

VI, 302

Vergib uns, verzeih uns

Die Sünde, die wir vor dir begangen haben,
gezwungen oder freiwillig,
die Sünde, die wir vor dir begangen haben,
offen oder verborgen,
die Sünde, die wir vor dir begangen haben,
durch das Reden unseres Mundes,
die Sünde, die wir vor dir begangen haben,
durch das Trachten unseres Herzens,
die Sünde, die wir vor dir begangen haben,
durch den Missbrauch des göttlichen Namens,
die Sünde, die wir vor dir begangen haben,
wissentlich oder unwissentlich.
Alle diese Sünden, Gott des Vergebens,
vergib uns, verzeih uns,
lass uns für sie Versöhnung finden!
Die Sünde, die wir vor dir begangen haben,
durch unreine Lippen,
die Sünde, die wir vor dir begangen haben,
durch den bösen Trieb,
die Sünde, die wir vor dir begangen haben,
durch die Missachtung von Eltern und Lehrern,
die Sünde, die wir vor dir begangen haben,
durch Lug und Trug,
die Sünde, die wir vor dir begangen haben,
in Handel und Wandel,
die Sünde, die wir vor dir begangen haben,
beim Essen und Trinken.

Alle diese Sünden, Gott des Vergebens,
vergib uns, verzeih uns,
lass uns für sie Versöhnung finden!
Die Sünde, die wir vor dir begangen haben,
durch Pflichtvergessenheit,
die Sünde, die wir vor dir begangen haben,
durch Missgunst,
die Sünde, die wir vor dir begangen haben,
durch Leichtfertigkeit,
die Sünde, die wir vor dir begangen haben,
indem unsere Füße zum Bösen eilten,
die Sünde, die wir vor dir begangen haben,
durch grundlosen Hass,
die Sünde, die wir vor dir begangen haben,
im Taumel des Herzens.
Alle diese Sünden, Gott des Vergebens,
vergib uns, verzeih uns,
lass uns für sie Versöhnung finden!

VI, 136–137

Wir sind dein

Unser Gott und Gott unserer Vorfahren,
vergib uns, verzeih uns, lass uns Versöhnung finden!
Denn wir sind dein Volk und du bist unser Gott,
wir sind deine Kinder und du bist unser Vater,
wir sind deine Diener und du bist unser Herr,
wir sind deine Gemeinde und du bist unser Anteil,
wir sind dein Erbe und du bist unser Los,
wir sind deine Herde und du bist unser Hirte,
wir sind dein Weinberg und du unser Wächter,
wir sind dein Werk und du unser Schöpfer,
wir sind deine Liebsten und du bist unser Liebster,
wir sind dein Besitz und du bist unser Eigentümer,
wir sind dein Volk und du bist unser Gebieter,
wir sind, die von dir reden,
und du bist, der von uns redet.

VI, 146

Die Barmherzigkeit Gottes

Gott, Gebieter, der sitzt auf dem Thron des Erbarmens,
der voll Gnade regiert,
die Schuld seines Volks aufhebt,
und wieder und wieder verzeiht,
voll Verzeihen gegen Sünder
und voll Vergebung gegen Frevler,

der gerecht handelt an allem Fleisch und Geist.
Du vergiltst nicht nach dem Bösen,
du hast uns gelehrt,
dich nach den dreizehn Eigenschaften zu nennen,
erinnere dich heute
an den Bund der dreizehn Eigenschaften,
wie du in der Vorzeit gezeigt hast,
wie geschrieben steht:
»Gott stieg herab in einer Wolke und stand dort mit ihm
und er rief den Namen des Ewigen an.«
Und der Ewige ging vor seinem Angesicht vorüber
und er rief: »Ewiger, Ewiger, Gott,
barmherzig und zugewandt, langmütig,
reich an Gnade und Wahrheit,
bewahrt Gnade für tausende,
hebt auf Sünde und Schuld und Fehler und läutert.«

VI, 143

Das Gebet bezieht sich auf die dreizehn Eigenschaften (der Barmherzigkeit) Gottes, die die rabbinische Tradition in Exodus 34 findet. Raschi (1040–1105) schreibt in seinem Kommentar, dass Gott, wenn die Verdienste der Patriarchen aufgebraucht sein sollten, Vergebung schenkt aufgrund des Gebets, das ihn an die dreizehn Eigenschaften seiner Barmherzigkeit erinnert: »Wenn sie vor mir barmherzig und gnädig aussprechen, werden sie Erhörung finden, denn meine Barmherzigkeit hört niemals auf.«

Öffne uns die Pforte

Öffne uns, Ewiger, die Pforte des Wohlergehens,
ehe sich schließt die Pforte des Lichtes;
denn schon neigt sich der Tag.
Der Tag geht dahin, die Sonne neigt sich,
die Stille des Abends und die Ruhe der Nacht
senken sich nieder auf die weite Erde.
Senke, Ewiger, unser Gott,
auch in unsere Seele den Frieden,
die Ruhe in unser Herz!
Lass es uns fühlen in dieser Stunde,
dass Du uns verziehen,
dass wir Erbarmen bei Dir gefunden haben.
Neige Dich, allgütiger Vater,
in Deiner allversöhnenden Liebe und Milde
zu allen bedrückten Herzen,
zu allen schwer beladenen Seelen.
Nimm von ihnen jede Beschwerde des Gemütes
und jede Bürde des Lebens und lass sie
in dieser letzten Stunde des heiligen Tages
Trost und Hoffnung finden vor Deinem Angesicht.
Wie Sternenlicht in dunkler Nacht,
so leuchte stets auf unsern dunklen Erdenpfad
das Licht Deiner väterlichen Gnade.
Nimm, Allbarmherziger,
die Gebete des heutigen Tages gnädig auf,
dass wir frei werden von unseren Fehlern und Sünden;

lass uns, die wir uns von Neuem Dir
und Deinem heiligen Dienste geweiht,
jetzt eingehen in die Pforten Deiner väterlichen Gnade.
Öffne uns die Pforten des Heiles,
ehe sich schließt die Pforte des Lichtes;
denn schon neigt sich der Tag.
Der Tag geht dahin,
wir gehen wieder an unser Tagewerk;
die Sorgen des Lebens heften sich wieder an uns:
So gib, Ewiger, uns Kraft und Stärke,
dass wir vom Guten nicht weichen,
sei mit uns, erhalte uns auf den Pfaden der Tugend
und der Gottesfurcht
und lass den heutigen Tag uns werden
zu einem Duell des Heiles und des Segens.
Öffne uns die Pforte des Heiles,
ehe sich schließt die Pforte des Lichtes;
denn schon neigt sich der Tag.

A. N.

Psalm 76

Dem Sangmeister auf dem Saitenspiel. Psalm von Assaf. Ein Lied.

Kund geworden ist Gott in Jehudah,
in Jisrael groß dein Name.
Und in Schalem ist seine Hütte,
und seine Wohnstätte in Zijon.
Dort zerbrach er den blitzenden Bogen,
Schild und Schwert und Krieg. Selah.
Leuchtend bist du, prächtig über Bergen von Beute.
Betäubt waren all die Hartherzigen,
schlummerten ihren Schlaf,
und nicht fanden all die Tapferen ihre Hände.
Vor deinem Dräuen, Gott Jaakobs,
war betäubt, so Wagen wie Ross.
Du, furchtbar bist du; und wer besteht vor dir,
sobald dein Zorn (erglüht)?
Vom Himmel lässt du Gericht erschallen, –
die Erde erschrickt und wird ruhig,
Als zum Gericht Gott aufstand,
zu helfen all den Gebeugten der Erde. Selah.
Denn der Grimm der Menschen preiset dich,
den Rest des Grimmes gürtest du um.

Gelobet und bezahlet dem Ewigen, eurem Gotte,
ihr alle ringsum ihn!
Sie sollen Gaben bringen dem Furchtbaren.
Der da mähet den Trotz des Gewaltigen,
furchtbar den Königen der Erde.

X 548

Doch am fünfzehnten Tag des siebenten Monats, wenn ihr den Ertrag eures Landes einbringt, dann sollt ihr das Fest des Ewigen feiern, sieben Tage lang.

Levitikus 23

Und ihr sollt euch am ersten Tag Früchte des Prachtbaumes (Zitrusfrüchte, Etrogim), Wedel von (Dattel) palmen, den Zweig des dichtbelaubten Strauches (Myrte) und Bachweiden nehmen, und ihr sollt fröhlich sein vor dem Ewigen, eurem Gott, sieben Tage lang.

Levitikus 23

In Hütten sollt ihr wohnen sieben Tage lang; jeder Einheimische in Israel soll in Hütten wohnen; damit (auch) eure (zukünftigen) Geschlechter wissen, dass Ich die Kinder Israels in Hütten wohnen ließ, als Ich sie aus dem Lande Ägypten herausbrachte.

Levitikus 23

IV, 183–184

Zur Torafreude – Simchat Tora

Sie ist für uns Kraft und Erleuchtung

Seid froh und freut euch am Torah-Freudenfest,
und gebt der Torah Ehre.
Denn die Beschäftigung mit ihr ist besser als jede Ware;
köstlicher als Gold und Perlen ist sie.
Lasst uns freudig und fröhlich sein mit solch einer Lehre,
denn sie ist für uns Kraft und Erleuchtung.

Ich will meinen Gott rühmen und mich an Ihm freuen,
und ich will meine Hoffnung in Ihn setzen.
Lieblich wurden wir gemacht mit dem Geheimnis,
dass wir das Volk sind, das Ihm nahe ist.
Bei meinem Gott und Fels will ich mich bergen.
Lasst uns freudig und fröhlich sein mit solch einer Lehre,
denn sie ist für uns Kraft und Erleuchtung.

Mit ganzem Herzen will ich jubeln
über Deine Gerechtigkeit,
und Deinen Ruhm will ich erzählen.
In Frohsinn führe uns zu Deinem Haus zurück,
durch Deine Worttreue und Deine Wahrhaftigkeit.
Lasst uns freudig und fröhlich sein mit solch einer Lehre,
denn sie ist für uns Kraft und Erleuchtung.

IV, 193

Die Kette der Tänze

Noch wurde die Kette nicht unterbrochen.
Noch wird die Kette fortgesetzt, von Vätern zu Kindern,
von Feuerbränden zu Feuerbränden;
noch wird die Kette fortgesetzt.

Noch wurde die Kette nicht unterbrochen;
noch wird die Kette fortgesetzt.
Von Nächten des Torah-Freudenfestes
zu Nächten der Freude am Fundament;
noch wird die Kette fortgesetzt.

So tanzten unsere Väter:
Eine Hand auf der Schulter des Nächsten,
während die andere Hand die Torah-Rolle festhält –
eine Last, die das Volk mit Freuden trug –
so tanzten unsere Väter.

So wollen auch wir tanzen;
eine Hand soll den Kreis stärken,
die andere Hand umgreift die Bürde der Generationen –
das Buch großen Kummers, schwer ist es –
so wollen auch wir tanzen.

»Die Kette der Tänze« aus »Das Fundament«

IV, 193

Weihefest – Channuka
Das Wunder der Lichter

Chanukka-Gebet

O Gott, Schöpfer und Herrscher aller Dinge,
Du hast Ordnung aus Chaos werden lassen
und das Licht geschaffen, die Dunkelheit zu erhellen.
In Deiner Güte hast Du uns gelehrt,
Freiheit und Wahrheit zu lieben,
und uns die Kraft geschenkt,
gegen Falschheit und Unterdrückung zu kämpfen.

Du hast Israel zum Behüter Deiner Lehre
und Verteidiger der Gerechtigkeit erkoren.
Wir erinnern uns heute des Mutes der Makkabäer
und ihres Sieges über die Tyrannei Antiochus'.

Mit Bewunderung rufen wir uns ihre Seelenstärke
und Glaubenstreue ins Gedächtnis,
und wir danken Dir für die Wunder,
welche Du durch sie für uns gewirkt hast.
Möge ihr Mut und ihre Opferbereitschaft
uns stets als Vorbild dienen.

Die Lichter des Chanukka-Festes verbreiten ihren Glanz
in unseren Häusern und Betstätten.
Mögen sie in uns die Flamme der Treue
und des Glaubens entzünden.

Mögen sie uns anspornen,
uns noch mutiger und entschiedener
für Wahrheit und Gerechtigkeit einzusetzen,
um uns zu Dir zu führen,
der Du unser ewiges Licht bist.

I, 143–144

Pessach
Fest der Befreiung

Psalm über die Befreiung: Psalm 124

Stufenlied. Von Dawid.

War's nicht der Ewige, der für uns gewesen –
spreche Jisrael –,
War's nicht der Ewige, der für uns gewesen,
da aufstand wider uns ein Mensch:
Dann hätten lebendig sie uns verschlungen,
wenn ihr Zorn erglühte gegen uns.
Dann hätten die Wasser uns überflutet,
Strömung ging über unsere Seele hin.
Dann gingen hin über unsere Seelen
die schwellenden Wasser.
Gepriesen sei der Ewige,
der uns nicht gab zum Raube für ihre Zähne.
Unsere Seele ist wie ein Vogel entronnen aus der Schlinge der Vogelsteller,
die Schlinge riss, und wir entrannten.
Unser Beistand ist im Namen des Ewigen,
des Schöpfers des Himmels und der Erde.

X, 568–569

Träume

Lache nur, lach über all die Träume,
die ich, der Träumer, erträume,
weil ich an den Menschen glaube –
und doch glaube ich an Dich.

Und doch sehnt sich meine Seele nach Befreiung,
von keinem goldenen Kalb verraten,
weil ich an den Menschen glaube,
an die Stärke seines Geistes.

Lach darüber, dass ich immer noch an Freunde glaube,
und doch werde ich eine Seele finden,
die meine Hoffnungen mit mir teilt
und an meiner Freude und an meinem Schmerz
teilnimmt.

Und ich glaube an die Zukunft,
wie weit sie auch entfernt sein mag,
in der ein Volk das andere preist
und im Frieden seinen Weg geht.

Auch mein Volk wird wieder blühen;
Geschlechter werden entstehen,
ihre eisernen Fesseln werden sie wegwerfen,
in neues Licht werden sie schauen.
Saul Tschernikowsky

I, 64–66

Das Lied der Befreiten

Wahr und bewährt sind diese Worte.
Feststehend, dass der Ewige allein unser Gott ist,
keiner außer ihm und wir, Jisrael, sein Volk.
Er erlöst uns aus der Hand der Gebieter,
er ist unser Gebieter,
er befreit uns aus der Hand aller Unterdrücker.
Er vollbringt unerforschlich Großes
und zahllose Wunder.
Er setzte unsere Seele in das Reich des Lebens
und ließ unsere Füße nicht wanken.
Er vollbrachte Wunder und Gerechtigkeit
zur Zeit des Pharao,
Zeichen und Wundertaten
im Land der Söhne des Cham.
Und er führte sein Volk Jisrael
aus ihrer Mitte zur Befreiung der Welt.
Er führte seine Menschenkinder
durch das gespaltene Schilfmeer,
ihre Verfolger und Hasser versenkte er in seinen Fluten.
Da erkannten sie seine Allmacht,
priesen und dankten seinem Namen
und nahmen seine Herrschaft willentlich auf sich.
Moses und die Jisraeliten
stimmten ein Lied in großer Freude an
und sprachen alle:
Wer ist wie du unter den Mächten, Ewiger?
Wer ist wie du, verherrlicht in Heiligkeit,

besungen in Lobliedern, Wundertäter!
Dein Reich schauten deine Kinder,
als du das Meer vor Moses spaltetest.
Er ist mein Gott, riefen sie aus und sprachen:
Der Ewige regiert immer und ewig!
Ferner ist verheißen: Der Ewige erlöst Jakob
und befreit ihn aus der Hand dessen,
der stärker ist als er.
Gelobt seist du, Ewiger,
der du Jisrael erlöst hast.

VIII, 35–37

Aus Ägypten hast du uns erlöst

Der Beistand unserer Vorfahren warst du schon immer,
Schild und Retter den ihnen Nachfolgenden in jeder Generation.
Auf der höchsten Stelle der Welt ist dein Sitz;
dein Recht und deine Gerechtigkeit reichen bis an die Enden der Erde.
Glücklich die Menschen,
die auf deine Gebote hören,
deine Lehre und dein Wort zu Herzen nehmen.
Wahrhaftig! Du bist der Gott deines Volkes
und ein Gebieter,
stark genug, um ihre Sache zu führen.

Wahrlich! Du bist der Erste und der Letzte,
außer dir haben wir keinen Gebieter,
keinen Erlöser, keinen Retter.
Aus Ägypten hast du uns erlöst, Ewiger, unser Gott,
und hast uns befreit aus dem Sklavenhaus.
Das Schilfmeer hast du gespalten,
und die Geliebten hindurch geführt.
Dafür priesen dich die Geliebten
und verherrlichten Gott;
deine Freunde stimmten Lobpreisungen an,
Preis, Lob und Dank dir, dem Gebieter,
dem lebendigen und ewigen Gott.
Hoch und erhaben, groß und furchtbar;
er erniedrigt die Stolzen, erhöht die Niedrigen,
befreit die Gefangenen, erlöst die Demütigen,
hilft den Armen und erhört sein Volk zu der Zeit,
wenn es zu ihm fleht.

VIII, 159–161

Schawuot, das Wochenfest
Fest der Offenbarung

Psalm über die Tora: Psalm 19

Dem Sangmeister. Psalm von Dawid.

Die Himmel erzählen die Herrlichkeit Gottes,
und seiner Hände Werk tut die Wölbung kund.
Tag für Tag quillt das Wort,
und Nacht für Nacht spricht sich aus die Kunde.
Nicht sind es Worte und nicht Reden,
nicht gehört wird ihre Stimme.
Durch die ganze Erde gehet aus ihre Schnur,
und an das Ende des Erdenrunds ihre Worte.
Dem Sonnenball hat er ein Zelt an ihnen gesetzt.
Und der wie ein Bräutigam
hervorgehend aus seiner Kammer,
frohlockt wie ein Held, die Bahn zu durchlaufen.
Am Ende der Himmel ist sein Aufgang,
und sein Kreislauf über ihre Grenzen,
und nichts ist verhüllt seiner Glut. –
Die Lehre des Ewigen ist untadelig,
seelenerquickend, des Ewigen Zeugnis bewährt,
macht Toren weise.
Die Befehle des Ewigen sind recht, herzenerfreuend,
des Ewigen Gebot ist lauter,
erleuchtet die Augen.

Die Furcht des Ewigen ist rein,
bestehet ewig,
des Ewigen Aussprüche sind wahr,
sind gerecht allzumal.
Sie, die köstlicher denn Gold und feines Gold in Menge,
und süßer als Honig und Honigseim, –
Auch dein Knecht wird durch sie belehrt,
in ihrer Bewahrung ist großer Lohn.
Verirrungen, wer merkt sie?
Von verborgenen (Sünden) reinige mich.
Aber auch vom Mutwillen halte deinen Knecht zurück,
dass er mich nicht beherrsche.
Dann bin ich ohne Tadel
und rein von schweren Vergehen.
Seien wohlgefällig meines Mundes Worte und meines
Herzens Sinnen vor dir, Ewiger,
mein Hort und mein Erlöser.

X, 526

Hymnus auf die dreizehn Glaubenssätze

Das folgende Lied bezieht sich auf die dreizehn Grundlehren (Ikarim), in die Moses Maimonides (1135–1204) die jüdische Gottesanschauung fasste.

Lob und Preis dem lebendigen Gotte!
Er ist, und keine Zeit begrenzt sein Dasein.
Er ist einzig, und keine Einheit gleicht der seinen,
die unergründlich ist und unerforschlich.
Er ist unkörperlich;
nichts reicht hinan an seine Heiligkeit.
Er war da vor allem Erschaffenen,
er ist das Urwesen ohne allen Anfang.
Er ist der Welten Herr, und jedes Gebilde zeugt von
seiner Größe und seiner Herrlichkeit.
Die Weihe des Prophetentums gab er den Männern
seiner Huld und seines Ruhmes.
Nicht stand in Israel ein Mann wie Moses auf, ein
Prophet, der, wie er, das Wesen Gottes erschaute.
Die Lehre der Wahrheit gab Gott seinem Volke
durch seinen Propheten, den Treubewährten
seines Hauses.
Gott ändert nicht, Gott wechselt nicht sein Gesetz,
das ewig dauert, immerdar.
Er sieht und kennet unser Geheimstes,
schauet den Ausgang der Dinge in ihrem Anfang.
Er lohnet dem Frommen nach seinem Wirken,
vergilt dem Gottlosen nach seiner Freveltat.

Er richtet auf dereinst das Gottesreich
zum Heile derer, die seiner Gnade harren.
Den Hingeschiedenen verleihet er ewiges Leben
in seiner Gnade Fülle.
Gepriesen sei der Name Gottes immerdar.

I, 64

Ohne Gott

Wir haben Gott vom Thron heruntergeholt,
aber sein Thron blieb in der Höhe.
Wir halten nichts von einem leeren Thron,
und so haben wir etwas daraufgesetzt,
– Wir dienen dem Mammon, den Autoritäten
und sonstigen Affen vom Tierpark.

Wir haben ihnen schwarze Anzüge und steife
Hemdkrägen angezogen,
und haben ihnen allerhand geistige und praktische
Dinge in die Hände gegeben,
wir lehrten sie, Vorbeimärsche abzunehmen und schön
gerade auf dem Thron zu sitzen.

Und wir haben ihnen Stöcke mit silbernem oder
goldenem Zierknauf in die Hand gegeben –
bis diese glitzernden Knäufe plötzlich im Takt tanzten
und die gelehrten Affen aus dem Tierpark sie über
unsere ergrauten Köpfe schwangen ...

Und alle übrigen Zirkusroboter,
die wir mühsam aufgeputzt hatten,
versetzten uns Hiebe ins Gesicht,
blitzartig, mit wuchtiger (wörtlich: viereckiger) und
verheerender Faust,
und plötzlich brüllt das Ungeheuer,
das wir auf den Thron gesetzt haben!

Und da begreifen wir, dass keiner wie unser Gott,
und keiner Erbe seines Thrones ist,
und wir schreien nach den Kündern der Vorzeit,
sie mögen doch mit Gewölk und Feuer zurückkehren
und die Herrschaft Gottes am Fuß des donnernden
Sinai erneuern.

Jizchak Schalew

IV, 259

Der Name des Herrn sei gepriesen

In Freude und Bedrängnis des Lebens

Der Gesang jeder Seele

Der eine singt den Gesang seiner eigenen Seele, und in seiner Seele findet er alles, volle geistige Befriedigung.

Ein anderer singt den Gesang seines Volkes. Denn ihm genügt der Umfang der eigenen Seele nicht, so dass er darüber hinaus geht, um höhere Höhen zu erklimmen. Und er vereinigt seine Seele mit derjenigen des Volkes Israel, singt dessen Lieder, leidet dessen Leiden und teilt dessen Hoffnungen.

Und der dritte erhebt seine Seele über die Grenzen Israels hinaus und singt das Lied der Menschheit. Sein Geist ist weit genug, um den Ruhm und die Träume des Menschenbildes zu erfassen.

Und wieder einer hebt sich so weit über sich selbst hinaus, dass er mit der ganzen Schöpfung eins wird; und mit ihr singt er ein Lied.

Und der letzte singt alle diese Lieder zusammen. Sie alle singen laut, und die Art jedes einzelnen gibt derjenigen der anderen Sinn und Leben.

Und dieses Zusammenklingen ist der Gesang der Frommen, der Gesang Gottes, der Gesang Israels.

Haraw A. J. Kook

I 3

Segenssprüche über Wohlgeruch

– über angenehmen Geruch, der nicht direkt von der Vegetation aufsteigt, z. B. Geruch von Gewürzen

Gepriesen seist Du,
Ewiger, unser Gott, König der Welt,
der die Arten von Wohlgerüchen geschaffen hat.

– über den Wohlgeruch von Kräutern oder wilden Pflanzen

Gepriesen seist Du,
Ewiger, unser Gott, König der Welt,
der die wohlriechenden Kräuter erschaffen hat.

– über den Wohlgeruch von Bäumen und Sträuchern

Gepriesen seist Du,
Ewiger, unser Gott, König der Welt,
der wohlriechende Gehölze erschaffen hat.

– über den Wohlgeruch von Früchten

Gepriesen seist Du,
Ewiger, unser Gott, König der Welt,
der Früchten Wohlgeruch verleiht.

– über Balsam und andere wohlriechende Öle

Gepriesen seist Du,
Ewiger, unser Gott, König der Welt,
der angenehm riechendes Öl erschaffen hat.

Segenssprüche über Gesehenes

– beim Anblick außergewöhnlicher Naturerscheinungen, wie Blitz, sehr hohe Berge, sehr große Ströme u. a.

Gepriesen seist Du,
Ewiger, unser Gott, König der Welt,
Vollbringer des Schöpfungswerkes.

– beim Anblick eines Regenbogens

Gepriesen seist Du,
Ewiger, unser Gott, König der Welt,
der des Bundes (mit Noach) gedenkt,
der treu zu seinem Bund steht
und sein Wort aufrechterhält.

– beim Anblick besonders schöner Bäume oder besonders lieblicher Geschöpfe

Gepriesen seist Du,
Ewiger, unser Gott, König der Welt,
der solches in seiner Welt besitzt.

Segenssprüche über Gehörtes

– bei Donner, Sturmgebraus, Erdbebengrollen u. dgl.

Gepriesen seist Du,
Ewiger, unser Gott, König der Welt,
dessen Kraft und Macht die Welt erfüllt.

– beim Vernehmen guter Nachrichten

Gepriesen seist Du,
Ewiger, unser Gott, König der Welt,
der Gute und Wohltäter.

– beim Vernehmen einer Unglücksbotschaft, eines Todesfalls

Gepriesen seist Du,
Ewiger, unser Gott, König der Welt,
Richter in Wahrhaftigkeit.

Segenssprüche beim Ausführen eines Gebotes

– beim Anbringen einer Mesusah

Gepriesen seist Du,
Ewiger, unser Gott, König der Welt,
der uns geheiligt hat durch seine Gebote
und uns geboten hat, die Mesusah anzubringen.

– beim Untertauchen im Tauchbad (Mikwah)

Gepriesen seist Du,
Ewiger, unser Gott, König der Welt,
der uns geheiligt hat durch seine Gebote
und uns das Untertauchen geboten hat.

IV, 243–244

Gebet beim Antreten einer Reise

Möge es Dein Wille sein,
Ewiger, unser Gott, und Gott unserer Väter,
uns in Frieden zu geleiten,
uns in Frieden dahinschreiten zu lassen,
uns in Frieden zu führen
und uns an dem durch uns gewünschten Ziel
ankommen zu lassen,
zum Leben, zur Freude und zum Frieden;
und (so) errette uns aus der Hand eines jeden Feindes,
eines jeden, der uns am Wege auflauern könnte,
und aus allen Arten von Schrecknissen,
die in der Welt auftreten können;
und sende Segen für das Werk unserer Hände,
und lasse uns Gunst, Gnade und Erbarmen finden
in Deinen Augen und in den Augen aller,
die uns sehen;
und höre auf die Stimme unseres Flehens,
denn Du bist Gott, der Gebet und Flehen hört.
Gepriesen seist Du, Ewiger, der das Gebet hört.

IV, 244

Mein Geist ist müde geworden in mir: Psalm 143

Ein Psalm Davids

Ewiger, höre mein Gebet, horch' auf mein Flehen;
mit deiner Treue erhöre mich, mit deiner Gerechtigkeit.
Und gehe nicht ins Gericht mit deinem Knechte;
denn vor dir ist kein Lebender gerecht.
Denn es verfolgt der Feind meine Seele,
tritt zu Boden mein Leben,
setzet mich in Finsternis gleich den ewig Toten.
Und es verdunkelt in mir sich mein Geist,
in mir entsetzet sich mein Herz.
Ich bedenke Tage der Urzeit, sinne über all deine Werke,
über deiner Hände Werk denk' ich nach.
Ich breite meine Hände zu dir empor,
meine Seele wie ein lechzendes Land zu dir. Selah.
Eilends erhöre mich Ewiger,
es verschmachtet mein Geist,
birg nicht dein Antlitz vor mir;
ich würde gleich denen, die in die Grube fahren.
Lass' mich hören am Morgen deine Huld,
denn auf dich vertraue ich,
mache den Weg mir kund, den ich gehen soll;
denn zu dir erhob ich meine Seele.
Rette mich vor meinen Feinden, Ewiger,
dir hab' ich vertraut.

Lehre mich deinen Willen tun,
denn du bist mein Gott;
dein gütiger Geist leite mich auf ebenem Lande.
Um deines Namens willen, Ewiger, erhalte mich,
mit deiner Gerechtigkeit führe aus Drangsal
meine Seele.
Und mit deiner Huld rotte aus meine Feinde,
und vernichte alle Bedränger meiner Seele;
denn ich bin dein Knecht.

X, 573

Gebet für einen kranken Mann

Er, der unsere Väter Abraham, Jizchak und Ja'akow segnete, er segne und heile den Kranken ..., Sohn von ... Der Heilige, gepriesen sei Er, ermutige ihn und stärke ihn mit Geduld und Mut, und Er lasse von seinem Geist auf ihm ruhen, um ihn mit einer vollständigen Heilung zu genesen, einer Heilung der Seele und einer Heilung des Körpers, mit allen Kranken seines Volkes Israel; und so lasst uns sprechen: Amen!

IV, 249

Gebet für eine kranke Frau

Er, der unsere Mütter Sarah, Rivkah, Rachel und Leah segnete, er segne und heile die Kranke ..., Tochter von ... Der Heilige, gepriesen sei Er, ermutige sie und stärke sie mit Geduld und Mut, und Er lasse von seinem Geist auf ihr ruhen, um sie mit einer vollständigen Heilung zu genesen, einer Heilung der Seele und einer Heilung des Körpers, mit allen Kranken Israels; und so lasst uns sprechen: Amen!

IV, 249

Sage niemals, dass du den letzten Weg gehst

Sage niemals, dass du den letzten Weg gehst,
wenn auch bleierner Himmel den blauen Tag verdeckt.
Kommen wird noch unsere herbeigesehnte Stunde,
dröhnen wird unser Schritt: Wir sind da!

Vom grünen Palmenland bis zum fernen Land des
Schnees
kommen wir mit unserer Pein, mit unserem Weh,
und wo ein Tropfen von unserem Blut gefallen ist,
dort wird unser Heldentum sprießen, unser Mut.

Es wird die Morgensonne uns das Heute vergolden,
und die Nacht wird verschwinden mit dem Feind.

Doch obschon die Sonne und die Morgenröte
(zu kommen) versäumen,
soll dieses Lied wie eine Parole sein von Geschlecht
zu Geschlecht.

Dieses Lied ist geschrieben mit Blut und nicht
mit Blei,
es ist kein Lied eines Vogels in der Freiheit.
Es hat ein Volk zwischen einstürzenden Wänden
dieses Lied mit Pistolen in den Händen gesungen.

So sage niemals, dass du den letzten Weg gehst,
wenn auch bleierner Himmel den blauen Tag
verdeckt.
Kommen wird noch unsere herbeigesehnte Stunde,
dröhnen wird unser Schritt: Wir sind da!

Hersch Glick

IV, 209

Becher der Tröstungen

An alle Mütter, die ihre Kinder beweinen,
an die Väter, die ihre Söhne verloren;
an alle, die, verbitterten und gebrochenen Herzens
ihre Augen zum Tag von morgen erheben –
an euch richte ich mein Wort und sage:

Ich schreibe nicht einfach nur so Gedichte.
Ich reime nicht einfach nur so Reime.
Denn mitten aus meinem Herzen kommen die Worte,
ausgeschüttet und strömend mit dem Blut der Helden.
Mein Herz ist das Herz einer (ihres Kindes) beraubten Mutter –
aus dem Gefecht wird ihr Sohn nicht zurückkehren.
Siehe, ich reiche euch einen Becher der Tröstungen,
um das Herz der Gebeugten und Gebrochenen zu erheben.
Wenn es solche waren, die Söhne,
die auf dem Altar der Heimat den Märtyrertod starben,
dann ist sicherlich auch euer der Verdienst der Vorväter.
Von euch saugten sie die Kraft – ihr seid die Wurzeln!
Und wenn trotz alledem
ihr damit fortfahrt, das Joch zu tragen,
wenn ihr trotz der Schmerzen
noch weitere Söhne großzieht –
dann habt auch ihr Anrecht auf einen Platz in der Chronik.
Denn ich weiß, ich, wie hart die Nachricht ist
für den (seines Sohnes) beraubten Vater, für die (ihres Sohnes) beraubte Mutter.
Und wenn sie Kraft geben und auf euch wirken, die Worte –
dann werde auch ich mich um Beileidsworte für meine Trauer bemühen.

Eine hinterbliebene Mutter

IV, 215

Kaddisch

Erhoben und geheiligt
werde sein großer Name in der Welt,
die er nach seinem Willen geschaffen,
und sein Reich erstehe
in eurem Leben und in euren Tagen
und dem Leben des ganzen Hauses Jisrael,
schnell und in naher Zeit. Sprecht: Amen!
Sein großer Name sei gepriesen in Ewigkeit
und Ewigkeit der Ewigkeiten!
Gepriesen und gerühmt und verherrlicht
und erhoben und erhöht und gefeiert und hoch erhoben
und hochgelobt sei der Name des Heiligen.
– Gelobt sei er!
Hoch und erhaben über jedem Lob und Gesang,
Verherrlichung und Trostverheißung,
die je in der Welt gesprochen wurden. Sprecht: Amen!
Möge das Gebet und die Bitte von ganz Jisrael
vor seinem Vater im Himmel Erhörung finden.
Sprecht: Amen!
Die Fülle des Friedens
möge vom Himmel herabkommen.
Leben für uns und ganz Jisrael! Sprecht: Amen!
Der Frieden stiftet in den Himmelshöhen,
stifte Frieden unter uns und ganz Jisrael!
Sprecht: Amen! VII, 244–245

Psalm über das menschliche Leben: Psalm 90

Ein Gebet Moses, des Mannes Gottes

Herr, unser Zufluchtsort warst du,
von Menschenalter zu Menschenalter.
Ehe denn die Berge gezeugt;
geschaffen wurden Welt und Erde;
und von Ewigkeit in Ewigkeit,
bist du allmächtig!
Du führst das Menschengeschlecht
bis zur Zerknirschung:
dann sprichst du: Söhne Adams! kehret wieder!
(Denn tausend Jahre sind vor dir einem Tage,
der gestern verging,
einer Nachtwache gleich.)
Du strömest sie hin: in Schlummer entstehen sie.
Des Morgens, wie wandelndes Gras,
früh blüht es und wandelt;
am Abend abgehauen und verdorret.
So vergehen wir in deinem Zorn;
so schleudert uns dein Grimm dahin.
Du stellest unsre Missetat vor dich,
unsre Heimlichkeit vor deines Angesichtes Licht.
Nun schwinden unsre Tage alle, durch deinen Zorn;
wir bringen unsre Jahre zu, wie ein Geschwätz.
Unsre Lebenszeit währt siebenzig Jahr;
achtzig ist ihr fernstes Ziel,

und ihr Stolz ist Müh und Kummer:
schnell abgeschnitten; so fliegen wir hin!
Doch wer erkennet deines Grimmes Allgewalt,
dass er ihn fürchte, so furchtbar du bist?
Ach, lehr uns unsre Tage zählen,
damit wir weisen Herzens seien!
Wende dich, Ewiger! ach wie lange!
Sei deinen Knechten wieder gnädig!
Erfülle uns früh mit deiner Huld!
So rühmen wir frohlockend unser Leben lang.
Erfreu uns nun so lange Zeit, als du uns plagtest;
so viele Jahre wir nur Unglück sahen!
Zeige dein erhabnes Werk an deinen Knechten;
an ihren Kindern deine Majestät.
Unsres Gottes Freundlichkeit werde uns beschieden;
So gelinget unsrer Hände Werk,
unser Tun gelinget nur durch ihn.

VIII, 105–107

Stärker als der Tod

Eine göttliche Stimme spricht zu uns in unseres Herzens Tiefe und kündet, dass eine Macht es gibt, die selbst den Tod besiegt; denn stärker als der Tod ist die Liebe! In der Liebe unseres Herzens leben weiter, in der Liebe unserer Seele wirken weiter, die einst der Liebe Funken in uns entzündet, die in ihrem Leben und Wirken alles Gute in uns geweckt und gestärkt haben; unvergessen und unauslöschlich bleibt ihr Bild in unserem Innern.

II, 48

Die Gabe des Gedenkens

Unser Gott und Gott unserer Väter,
Vater des Erbarmens!
In Deiner Hand ist die Seele alles Lebendigen.
Möge uns Dein Trost beistehen und unsere Liebe,
mit der wir Dich geliebt haben,
wenn wir unserer Märtyrer, unserer Helden
und unserer Teueren gedenken,
die in Ihre Welt (oder: Ewigkeit) eingegangen sind.
In Kummer ehren wir ihr Andenken
in dieser heiligen Stunde.
Wir danken Dir, Ewiger, unser Gott,
für die Gabe des Gedenkens,
die Generation mit Generation verbindet,
und die uns vereint mit unseren Teueren,
die zum ewigen Leben hinübergegangen sind.
Ihre Zukunft ist in unserer Mitte und in unseren Taten,
und wenn wir ihrer gedenken, so lebt ihr Andenken bei
uns fort allezeit und zu ewiger Ruhe.
Wenn die Stunde kommt,
werden auch wir den Weg beschreiten,
den unsere Geliebten gegangen sind.

Darum hilf uns, Gott unserer Hilfe,
dass wir bereit und gerüstet sein werden
für diese Stunde,
und sei mit uns, wenn sie gekommen ist.

IV, 196–197

Allein

Ich blieb allein unter dem Himmel
und setzte mich auf eine Bank
und erzählte Gott von den Menschen, die ich kannte
und die plötzlich von mir gingen.
Und ich erzählte Ihm von den Blumen,
an denen zu riechen ich liebte,
und von den weiten Feldern.
Ich blieb allein unter dem Himmel,
und ich wusste nicht, ob es noch einen Himmel gibt.
Ich saß mitten auf einer Bank
und erzählte Gott vom Himmel,
wovon ich nicht weiß, ob er noch zu finden ist,
und wenn ja,
dass er vielleicht von mir umschlossen wird
und ich vielleicht von ihm umhüllt bin.

Rivka Mirjam

IV, 255

Vertrauen in Gottes Hilfe

Alles, was lebt, preise Deinen Namen

Die Seele aller Lebenden preise Deinen Namen, o Gott,
und der Geist alles Fleisches rühme Deine Größe
alle Zeit.
Von Ewigkeit zu Ewigkeit bist Du, o Gott,
und außer Dir ist keiner, der hilft und errettet.
Du bist der Schöpfer, Du der Erhalter,
Du ein liebender Vater den Menschen,
Du den früheren Geschlechtern Schutz und Schirm,
Du auch den spätesten Geschlechtern
Führer und Lenker.
Denn der Ewige schläft nicht und schlummert nicht;
er schenket Leben und Kraft den Schwachen,
Freiheit und Mut den Unterdrückten;
Dir allein danken alle Wesen.
Doch entströmte unserem Munde auch der Lieder Fülle
und unseren Lippen des Jubels Klang,
wir vermöchten doch nicht,
nach Gebühr Dir zu danken, Ewiger, unser Gott,
und Deinen Namen zu preisen
für die tausendfältigen Wohltaten,
die Du unseren Vätern und uns
zu allen Zeiten erwiesen hast.
Und wie Du bisher in Deiner Liebe uns beigestanden
und uns Deine Gnade nicht entzogen hast,
so wirst Du, Ewiger, unser Gott,

uns auch in Zukunft nicht verlassen.
Darum danket Dir jeder Mund,
jede Zunge verherrlichet Dich,
jedes Knie beuget sich,
jedes Haupt senket sich vor Dir,
und Leib und Seele jubeln Dir entgegen,
wie der Sänger es ausspricht:
Preise Du, meine Seele, den Ewigen
und mein Inneres seinen heiligen Namen!

I, 88.90

In Freude und Not

Den Becher der Freude erheben wir
und rufen den Namen des Ewigen an.
Doch auch, wenn Not und Kummer uns trifft,
bekennt unser Mund seine Heiligkeit.

II, 3

Gott behüte dich:
Psalm 121

Ein Wallfahrtslied

Ich hebe meine Augen auf zu den Bergen:
woher wird mir Hilfe kommen?
Meine Hilfe kommt von dem Herrn,

der Himmel und Erde gemacht hat.
Er kann deinen Fuß nicht gleiten lassen;
der dich behütet, kann nicht schlummern!
Nein, er schlummert nicht und schläft nicht,
der Israel behütet.
Der Herr ist dein Hüter, der Herr dein Schatten,
er geht zu deiner Rechten:
bei Tage wird dich die Sonne nicht stechen,
noch der Mond des Nachts.
Der Herr behütet dich vor allem Übel,
er behütet dein Leben.
Der Herr behütet deinen Ausgang und Eingang,
jetzt und immerdar.

I, 66

Gott ist mein Hirte:
Psalm 23

Der Ewige ist mein Hirt, ich darbe nicht.
Auf grasigen Auen lässt er mich ruhen,
an stille Wasser leitet er mich.
Meine Seele labt er, führt mich auf das rechte Geleise,
um seines Namens willen.
Auch wenn ich gehe im Tale des Todesschattens,
fürcht' ich kein Leid, denn du bist mit mir.
Dein Stab und deine Krücke – sie trösten mich.
Du richtest vor mir einen Tisch an,
angesichts meiner Bedränger,

tränkst in Öl mein Haupt, mein Kelch fließt über.
Ja, nur Glück und Heil folgen mir nach
all meine Lebenstage,
und ich kehre zurück in das Haus des Ewigen
für die Dauer der Zeiten.

X, 528

Alle meine Wege sind dir bekannt:
Psalm 139

Dem Sangmeister. Von Dawid. Ein Psalm

Ewiger, du hast mich erforscht und erkannt.
Du kennst mein Sitzen und mein Aufstehen,
achtest auf mein Sinnen von Ferne.
Mein Gehen und mein Liegen sichtest du,
mit all meinen Wegen bist du vertraut.
Denn kein Wort ist auf meiner Zunge,
siehe, Ewiger, du weißt es ganz.
Rückwärts und vorwärts engst du mich ein,
und legst auf mich deine Hand.
Verborgen ist mir solch Wissen, erhaben,
ich erreiche es nicht.
Wohin soll ich gehen vor deinem Geiste,
und wohin entfliehen vor deinem Antlitze?
Wenn ich in den Himmel steige, dort bist du,
und mach' ich die Unterwelt zum Lager, bist du da.

Schwänge ich des Morgenrotes Flügel,
ruhete ich im Äußersten des Meeres;
Auch dort würde deine Hand mich führen,
und mich fassen deine Rechte.
Und spräche ich: ja die Finsternis wird mich umfangen,
so wird die Nacht licht um mich.
Selbst die Finsternis verfinstert nicht vor dir, / und Nacht leuchtet wie der Tag, / das Dunkel gleich der Helle.
Denn du hast dir geeignet meine Nieren, / hast mich überwölbt in dem Schoße meiner Mutter.
Ich preise dich, dass ich so wundervoll ausgezeichnet bin; / wunderbar sind deine Werke,
und meine Seele erkennt es wohl.
Nicht verhohlen war mein Wesen vor dir,
da ich entstand im Verborgenen,
gewirkt ward in den Tiefen der Erde.
Meine Maße sahen deine Augen, / und in dein Buch wurden sie alle verzeichnet, / die künftig gebildet werden, und unter denen kein einziger da ist.
Und mir, wie teuer sind mir deine Gedanken, Gott!
wie mächtig ihre Zahl!
Wollt ich sie zählen, sie wären zahlreicher denn Sand.
Ich erwache und noch bin ich bei dir.
…
Erforsche mich Gott, und erkenne mein Herz,
prüfe mich und erkenne meine Gedanken.
Und siehe, ob an mir ein Weg des Jammers,
und führe mich auf dem Wege der Ewigkeit.

X, 571–572

Ich bin in Gottes sichrer Hut

Bevor ein Wesen war erstanden,
warst Du, o Gott, allein;
dein Schöpferwort, Allmächtiger,
es rief die Welt zum Sein.
Und sinkt alles auch einst in Nichts:
Du bleibst, der ew'ge Quell des Lichts.
Du warst, Du bist, wirst sein voll Hoheit
im weiten Weltenreich;
Bist ohne Anfang, ohne Ende,
bist einzig, nichts Dir gleich.
Bist mein Erlöser, meine Macht,
mein Trost, mein Licht in dunkler Nacht.
Bist mir Panier und Kelch des Heils
und stete Zuversicht;
Und ob ich wache, ob ich schlafe:
Es wacht in mir Dein Licht.
Drum fürcht' ich nichts, nicht wankt mein Mut,
Ich bin in Gottes sichrer Hut.

I, 56

Dankbarkeit

Wie soll ich dem Ewigen vergelten
alle seine Wohltaten gegen mich?
Den Kelch des Heiles hebe ich empor
und rufe an den Namen des Ewigen.
Meine Gelübde will ich dem Ewigen erfüllen
in Gegenwart seines ganzen Volkes.
Schwerwiegend ist in den Augen des Ewigen
das Sterben seiner Frommen.
Ach Gott, ich bin doch Dein Knecht,
Dein Knecht, der Sohn Deiner Magd;
Du hast meine Fesseln gelöset.
Dir will ich darbringen Opfer des Dankes
und den Namen des Ewigen anrufen.
Meine Gelübde will ich dem Ewigen erfüllen
in Gegenwart seines ganzen Volkes,
in den Vorhöfen des Tempels,
in deiner Mitte, Jerusalem.
Hallelujah!

I, 116

Lasst uns zurückkehren

Lasst uns zurückkehren zu dem Herrn:
Er hat zerrissen – und Er wird heilen,
Er schlägt – und Er verbindet.
So lasst uns erkennen, ja lasst uns streben,
Gott zu erkennen!
Säet Gerechtigkeit, erntet Liebe!
Denn so ist Sein Wort:
»Liebe verlange ich, nicht Opfer,
Gotteserkenntnis, nicht Brandopfer.«

II, 42

Gott der Liebe und Versöhnung

Du bist ein Gott der Liebe und der Versöhnung.
Die da hungern nach Deiner Güte,
dürsten nach Deiner Liebe
und verlangen nach Deinem Heil,
lass sie erkennen und erfahren,
dass bei Dir, o Gott,
Erbarmen ist und Vergebung.

II, 40

Gottes Gebote sind weise

Gottes Wort ist ohne Fehl und erhebt das Gemüt,
Gottes Zeugnis ist Wahrheit, wandelt Einfalt in Weisheit,
Gottes Gebote sind weise, erfreuen das Herz,
Gottes Lehren sind lauter und erleuchten das Auge.

II, 10

Weihe

Himmlischer Vater!
Aus der Tiefe rufen wir zu dir,
erhöre unser heißes Flehen!
Belebe uns aus deinem Geist, mit deiner Kraft!
Lass über unsre Schwäche wie ein Held uns siegen!
Gib uns den Mut zum Guten!
Lass die Flammen auf unsres Herzens Altar
nicht verlöschen!
Lass uns vollbringen, was wir dir gelobt!
Lass über unser ganzes Leben draußen
von deiner heiligen Stätte aus
Weihe und Segen sich ergießen.
Amen.

III, 82–83

Gebet zum Tora-Lernen

Wir haben aus der Tora gelesen,
haben uns ihr Verständnis eingeschärft;
Wir haben angefangen und beendet
mit ihren Segenssprüchen;
So wie es uns vergönnt war, ihre Worte zu lernen,
so möge es uns auch vergönnt sein,
ihre Gebote zu hüten.
Chanoch Jacobsen

IV, 262

In seinen Wegen wandeln

Und Salomo trat hin und segnete
die ganze Gemeinde Israels mit lauter Stimme
und sprach:
Gepriesen sei der Herr,
der seinem Volke Israel Ruhe verliehen,
ganz wie er verheißen hat!
Von all den Verheißungen,
die er durch seinen Knecht Mose gegeben,
ist nicht eine unerfüllt geblieben.
Der Herr, unser Gott, sei mit uns,
wie er mit unseren Vätern gewesen ist!
Er wolle uns nicht verlassen noch verstoßen,
sondern ziehe unser Herz zu sich,

dass wir ganz in seinen Wegen wandeln
und seine Gebote, Satzungen und Rechte halten,
die er unseren Vätern auferlegt hat!
Und dies mein Flehen,
mit dem ich dem Herrn genaht,
möge dem Herrn, unserm Gott, gegenwärtig
sein bei Tag und bei Nacht, dass er Recht schaffe
seinem Knechte und seinem Volke Israel,
wie jeglicher Tag es erfordert,
damit alle Völker der Erde erkennen,
dass er, der Herr, Gott ist, und keiner sonst!
Und Euer Herz soll ganz dem Herrn,
unserm Gott, gehören,
so dass ihr in seinen Satzungen wandelt
und seine Gebote haltet wie an diesem Tage.

I, 86.88

Künder der Wahrheit

Gepriesen seist Du,
Ewiger, unser Gott, König der Welt,
der gute Künder erwählt hat und der an ihren Worten,
die in Wahrhaftigkeit gesprochen wurden,
Wohlgefallen fand.
Gepriesen seist Du, Ewiger, der die Tora erwählt hat,
und seinen Knecht Mose, und Israel, sein Volk,
und die Künder der Wahrheit und der Gerechtigkeit.

IV, 126

Gottes Treue

Gepriesen seist Du,
Ewiger, unser Gott, König der Welt,
Fels aller Welten, Gerechter in allen Geschlechtern,
der getreue Gott, der spricht und ausführt,
der redet und erfüllt, dessen sämtliche Worte
Wahrheit und Gerechtigkeit sind.
Getreu bist Du, Ewiger, unser Gott,
und vertrauenswürdig sind Deine Worte,
und keines Deiner Worte kehrt je leer zurück,
denn Gott, verlässlicher und barmherziger König
bist Du.
Gepriesen seist Du, Ewiger,
der in allen seinen Worten getreu ist.
Erbarme Dich über Zion,
denn das ist die Stätte unseres Lebens,
und Deinem Volk Israel hilf rasch,
in unseren Tagen.
Gepriesen seist Du, Ewiger,
der Jerusalem erbaut.

IV, 127

Erhaben ist der Ewige

Die Herrlichkeit Gottes dauert ewig;
der Ewige erfreut sich seiner Werke.
Der Name des Ewigen sei gepriesen
von nun an bis in Ewigkeit.
Vom Aufgange der Sonne bis zu ihrem Niedergange
werde der Name des Ewigen gerühmt.
Erhaben über alle Völker ist der Ewige,
über die Himmel seine Herrlichkeit.
Dein Name, o Gott, währet in Ewigkeit,
Dein Ruhm von Geschlecht zu Geschlecht.
Der Ewige hat im Himmel seinen Thron
aufgerichtet,
und seine Herrschaft waltet über Alles.
Es freue sich der Himmel, es frohlocke die Erde,
und man spreche unter den Völkern:
Der Ewige regieret.
Der Ewige regieret, er hat regiert
und wird regieren immer und ewig.
Der Ewige regieret immerdar;
es schwinden die Heiden von seiner Erde.
Der Ewige zerstöret den Ratschluss der Völker,
vereitelt die Pläne der Nationen.
Viele Pläne sind im Herzen der Menschen,
aber der Ratschluss des Ewigen – er bestehet.

Gottes Ratschluss bestehet ewiglich,
seine Gedanken für alle Geschlechter.
Denn er spricht und es geschieht;
er gebietet und es steht da.
So hat der Ewige Zion sich erwählt,
es zum Sitze sich erkoren;
so hat Gott Jakob sich erwählt,
Israel zu seinem Eigentum.
Denn der Ewige wird nicht verstoßen sein Volk
und sein Erbe nicht verlassen.
Er ist barmherzig, sühnet die Schuld,
übet nicht Verderben,
wendet immer wieder seinen Zorn ab
und lässt nicht walten sein ganzes Schiedsgericht.
Ewiger hilf! der Herr erhöre uns, so wir ihn anrufen!
Heil denen, die in Deinem Hause weilen,
Dich preisen immerdar!
Heil dem Volke, dem also beschieden!
Heil dem Volke, dessen Gott der Ewige ist!

I, 84.86

Dein ist das Reich

Und David pries den Ewigen vor allem Volke und sprach:
Gelobt seist Du, Ewiger,
Gott Israels, unser Vater, von Ewigkeit zu Ewigkeit!

Dein, o Gott, ist die Größe und die Macht,
die Herrlichkeit, der Sieg und die Majestät,
ja alles, im Himmel und auf Erden;
Dein, o Gott, ist das Reich und Du bist das Haupt,
erhaben über Alles.
Der Reichtum und die Ehre sind von Dir,
und Du herrschest über Alles,
und in Deiner Hand ist Kraft und Stärke,
und in Deiner Hand ist es,
alles groß und stark zu machen.
Und nun, unser Gott, danken wir Dir und preisen den Namen Deiner Herrlichkeit.

I, 86

Sein Reich komme bald

Gott sei gepriesen in der Welt,
die Er nach Seinem allmächtigen Willen geschaffen hat.
Sein Reich komme bald,
und Seine Herrschaft werde von aller Welt erkannt.
Mögen wir Bürger dieses Reiches werden
mit allen Menschenkindern in dem Vaterhause Gottes.

II, 16

Voll der Erkenntnis Gottes

Die Weisen und die Propheten sehnten sich nicht deswegen nach den Tagen des Messias, damit er dannzumal die Weltherrschaft ergreife, oder damit er andere Glaubensbekenntnisse beseitige, oder damit sie von anderen Völkern verehrt würden, oder um gut essen und trinken und das Leben genießen zu können – sie sehnten sich nur danach, unbelastet und ohne Ablenkung sich der Tora und ihrer Weisheit widmen und sich so auf die kommende Welt vorbereiten zu können. Wenn jene Zeit gekommen ist, wird es keinen Hunger mehr geben, keinen Krieg, keinen Fanatismus und keinen Streit, denn Güte wird sich überall ausbreiten, und alle Freuden werden so zahlreich sein wie Staubkörner, und die ganze Welt wird sich nur noch um die Erkenntnis des Herrn kümmern. Erst dann wird das Volk Israel die rechte Wahrheit erkennen, denn sie werden wissen, was jetzt noch vor uns verborgen ist, soweit die Erkenntnis des Schöpfers für ein menschliches Wesen überhaupt möglich ist, so wie es geschrieben steht bei den Propheten: »Denn die Erde wird so voll sein von der Erkenntnis des Herrn als Wasser im Meere ist.«

Rabbi Moses ben Maimon (Maimonides)

I, 4

Die Gabe der Hoffnung

Herr, wir danken Dir
für Deine Gabe der Hoffnung,
unsere Kraft in schweren Zeiten.
Jenseits der Ungerechtigkeit unserer Zeit,
ihrer Grausamkeit und ihrer Kriege,
erkennen wir eine Welt des Friedens,
in der die Menschen einander lieben
und sich niemand fürchtet.
Jede unserer schlechten Taten
rückt jene herrliche Zukunft in weitere Ferne,
jede gute Tat bringt sie näher.
Möge unser Leben von Dir zeugen,
so dass spätere Geschlechter uns dafür preisen.
Möge der Tag kommen,
an dem, wie unsere Propheten lehrten,
»die Sonne der Gerechtigkeit
mit Flügeln des Heils aufgehen wird«.
Hilf uns, dafür zu beten, darauf zu warten,
dafür zu arbeiten und dessen würdig zu sein.
Gelobt seist Du, unser Herr,
die Hoffnung Israels.
Amen.

I, 61

Liebe und Gerechtigkeit auf Erden

Das große, vom Judentum geheiligte Ziel ist, dass alle Menschen frei sind, dass alle Gott erkennen, und dass alle ihre geistigen und materiellen Kräfte frei und großzügig dazu verwenden, Wahrheit und Gerechtigkeit auf dieser Erde zu verbreiten, um damit die geringste Hütte und den üppigsten Palast auszustatten. Deshalb darf nichts als jüdisch gelten, was den Juden davon abhält, mit all seinen Kräften auf dieses Ziel hin zu wirken. Er darf die Werke des modernen Zeitalters nicht nur untätig betrachten, sondern er muss sich daran mit Herz und Seele beteiligen, denn es ist ein göttliches Gebot, dass Liebe und Gerechtigkeit auf Erden verwirklicht werden, und deshalb holte Gott Abraham vom anderen Ufer des Flusses und bestimmte ihn und seine Nachfahren dazu, durch ihre Taten und ihre Leiden der Welt zum Segen zu gereichen.

Rabbiner Samuel Hirsch

I, 3

Von Geschlecht zu Geschlecht

Möge mein Leben ein Glied sein in der Kette der Güte. Wenn ich die Gebete meiner Väter spreche, hilf mir, ihre Hingebung und Treue zu spüren, ihre Freude und ihren Schmerz, wie sie in jedem Wort enthalten sind. Frömmigkeit ist mein Erbe, möge ich ihrer würdig sein.

Möge dieses Erbe in mir weiterleben und von mir bis zu Geschlechtern, die ich nie kennen werde, bereichert um die Wahrheit, die ich erfahren habe und um meine guten Taten. So möge ich meine Aufgabe auf Erden erfüllen und Deinen Segen erhalten.

Und am Ende der Gebete und des Gottesdienstes, hilf mir, Deinen Geist in meinen Alltag mitzubringen. Möge ich Gott über alles lieben, und meinen Nächsten wie mich selbst, und ein lebendiges Zeugnis ablegen für Deine ewige Wahrheit.

Amen.

I, 62

In der Gemeinde

Herr, ich trete vor Dich hin umgeben von den Mitgliedern der Gemeinde, in der ich wohne. Ich teile meine Zufriedenheit mit ihnen und sie wird dadurch größer. Ich teile meine Schwierigkeiten mit ihnen und sie werden dadurch kleiner. Möge ich nie zu geizig sein, um zu geben, noch zu stolz, um zu nehmen, denn im Geben und im Nehmen erkenne ich Dich und beginne den Sinn des Lebens zu verstehen.

Lass mich die wahre Kraft meiner Gemeinde nicht verlieren: die Erfahrung und die Weisheit der Alten, die Hoffnungen der Jungen, und die Beispiele von Beistand und Mut, die mich stärken. Gib mir ein offenes Herz und einen offenen Sinn, um die willkommen zu heißen, die mich brauchen, und um Deine Gegenwart in meinem täglichen Leben zu erkennen.

Ich denke an das, was wir sein könnten und an die Harmonie und Freundschaft, die uns verbinden könnte. Ich denke an unsere Einsamkeit und an die Freundschaft, mit der wir unser Leben erfüllen könnten. Ich denke an das Gute, das wir tun könnten, wenn wir im gleichen Geiste handeln würden. Ich weiß, dass dies Dein Wille ist und bete um Deine Hilfe. Mögen ich und die Meinen die gemeinsame Freude finden und Dich preisen für die uns von Dir verliehene Kraft, einander zu helfen.

Amen.

I, 60

Für Israel und alle Völker

Er, dessen Königreich ein immerwährendes Königreich ist, segne *das Land, in dem wir leben, seine Regierung und seine Behörden,* dass sie ein Hort der Ordnung und des Rechtes seien. Er verleihe uns die Kraft und Einsicht, unsere Pflichten liebevoll zu erfüllen, auf dass Gerechtigkeit und Friede in unserem Lande herrschen.

Unser Vater im Himmel, Fels Israels und sein Erlöser! Segne und beschütze den Staat Israel und alle seine Bewohner. Sende Dein Licht und Deine Wahrheit den Führern und den Gewählten des Volkes, erfülle sie mit Weisheit und einsichtsvollem Verständnis, auf dass der Friede in den Grenzen Israels herrsche und Ruhe in seinen Heimstätten.

Lass Israel in Sicherheit wohnen. Möge kein Zerstörer ihm nahekommen und möge dem Wüten des mörderischen Terrors ein Ende gesetzt sein. Gib Frieden dem Land und ungetrübte Freude seinen Bewohnern.

Möge der Geist brüderlicher Liebe und gegenseitiges Verstehen alle Ängste und Vorurteile entfernen und alle Wunden heilen. Lass, o Herr, das Getöse des Krieges an allen Enden der Welt verstummen, auf dass ein jeder bei seinem Weinstock und unter seinem Feigenbaum sitzen kann und keiner ihn aufschreckt.

Möge Dein Licht bald über Israel erstrahlen und Deine durch die Propheten ausgesprochene Verheißung erfüllt werden: »Die Lehre wird von Zion ausgehen und das Wort des Ewigen von Jerusalem.« Amen!

Er, der unsere Väter Abraham, Jizchak und Jaakov gesegnet, segne unsere Gemeinde und alle Gemeinden Israels in allen Landen, ihre Familien und Habe. Er segne die Männer und Frauen, die unserer Gemeinde vorstehen und sie vertreten, sowie alle, die ihre gedeihliche Entwicklung fördern. Sende Deinen Frieden und Deine Freude in unsere Wohnungen und in unsere Herzen, sättige uns von Deinem Gute und erfreue uns mit Deiner Hilfe.

Sei mit denen unter uns, die über die Jahre der Kraft und Frische hinaus sind, und mache ihren Lebensabend freundlich durch das erhellende Licht Deiner Gnade. Sei mit den Männern und Frauen, die rüstig schaffen und wirken, und lass sie Befriedigung finden in den Arbeiten ihres Berufes. Sei mit der heranblühenden Generation, dass sie in Sitte und ehrbarer Zucht sich entwickle, den Familien zur Freude, der Gesamtheit zum Segen. Stärke die Schwachen, heile die Kranken, richte auf die Gebeugten, schenke Trost den Trauernden, ewiges Heil den Dahingeschiedenen. Über uns allen aber walte Deine Hand: Gib, o himmlischer Vater, dass Dein Reich, das Reich der Wahrheit und des Friedens sich ausbreite, und lass die Tage nahen, da Du erkannt sein wirst als Herr über die ganze Erde. Amen! I, 124

Für den Staat Israel

Herr, nimm unser Gebet für den Staat Israel an
und verwirf es nicht als leeres Lippenbekenntnis;
denn obwohl wir frei und freiwillig
in der Zerstreuung leben
und die Last und Gefahr unserer Brüder
im heiligen Lande nicht teilen,
während Geächtete darum kämpfen,
das Ufer ihrer Erlösung zu erreichen,
bitten wir aus vollem Herzen: Herr!
Lasse den Staat Israel
ein sicherer Hort der Verfolgten sein,
schenk seinen Bewohnern den lang ersehnten Frieden,
gib seiner Regierung Weisheit und Kraft
und seiner Armee, wenn immer nötig, den Sieg.
Bringe die Zeit, da mit dem Staat Israel
die messianische Erlösung beginnt,
da von Zion das Wort des Friedens
und der Gerechtigkeit ausgeht
und Du erkannt sein wirst
als Hüter des Landes Israel
und Herr der ganzen Welt.

Rolf Stürm

I, 166

Glücklich …

Glücklich
sind die in der Unschuld ihres Herzens Glaubenden.
Sie finden sich zusammen
als Bruchstücke der Menschlichkeit,
im Schutze schirmender Flügel,
angesichts des gleichgültigen Verlusts aller Normen.

Vielleicht sind es die Letzten,
die Gebete sagen
in unserer Welt.
Abraham Chalfi

IV, 262

Quellen

I: Henry G. Brandt (Bearbeitung), Siddur Or Chadasch. Gebete für Schabbat, Fest- und Wochentage, Jüdische Liberale Gemeinde, Zürich 1981. © Jüdische Liberale Gemeinde Or Chadasch Zürich (Abdruck mit freundlicher Genehmigung von Alex Dreifuss, Präsident JLG Or Chadasch).

II: Gebetbuch, Verlag der Jüdischen Reform-Gemeinde zu Berlin, o. J.

III: Gebetbuch für das ganze Jahr. Bearbeitet im Auftrag des Liberalen Kultus-Ausschusses des Preußischen Landesverbandes jüdischer Gemeinden. Zweiter Teil: Neujahr und Versöhnungstag. Ausgabe für Berlin, Frankfurt am Main 1933.

IV: Gottesdienst im Herzen. Gebetbuch für Wochentage, Schabbatot und Feiertage (ausgenommen die Hohen Feiertage), Jüdische Liberale Gemeinde Or Chadasch, 2. Auflage, Zürich 2003. © Jüdische Liberale Gemeinde Or Chadasch Zürich (Abdruck mit freundlicher Genehmigung von Alex Dreifuss, Präsident JLG Or Chadasch).

V: Walter Homolka (Hg.), Chavura Or Chadasch. Gebete für den Freitag-Abend, o. V., München 1985.

VI: Andreas Nachama, Gesa Ederberg (Redaktion), unter Mitarbeit von Eva Maria Thimme, Machsor Rosch Haschana Jom Kippur. Gebetbuch für die Synagoge Pestalozzistraße mit Ergänzungen für die Synagoge Oranienburger Straße, o.V., Berlin 1998 (Abdruck mit freundlicher Genehmigung von Andreas Nachama).

VII: Andreas Nachama, Jonah Sievers (Hg.), unter Mitarbeit von Noga Hartmann, Jüdisches Gebetbuch. Schabbat und Werktage, Gütersloher Verlagshaus, Gütersloh 2009 (Abdruck mit freundlicher Genehmigung von Andreas Nachama).

VIII: Andreas Nachama, Jonah Sievers (Hg.), unter Mitarbeit von Noga Hartmann, Jüdisches Gebetbuch. Wallfahrtsfeste, Gütersloher Verlagshaus, Gütersloh 2011 (Abdruck mit freundlicher Genehmigung von Andreas Nachama).

IX: Ludwig Philippson, Neues Israelitisches Gebetbuch für die Wochentage, Sabbathe und alle Feste zum Gebrauche während des Gottesdienstes und bei der häuslichen Andacht, Verlag Louis Gerschel, Berlin 1864.

X: Verband der deutschen Juden (Hg.), Feldgebetbuch für die jüdischen Mannschaften des Heeres, o.V., Berlin 1916.

XI: Leopold Zunz (Übersetzer), Die vierundzwanzig Bücher der Heiligen Schrift, Victor Goldschmidt Verlag, Basel 1995.

A. N.: Die Gebete »Bitte für das neue Jahr« (S. 75), »Gott regiert« (S. 77), »Das vergangene Jahr« (S. 78), »Öffne die Himmelstore« (S. 82), »Sündenbekenntnis« (S. 87), »Öffne die Pforte« (S. 94) sowie das Gebet »Was sind wir« von Estrongo Nachama sel. A. (S. 85) stammen aus dem Privatarchiv von Rabbiner Andreas Nachama (Abdruck mit freundlicher Genehmigung von Andreas Nachama).

Die schönsten Gebete der Weltreligionen

Wie im Himmel so auf Erden

Die schönsten Gebete des Christentums

Herausgegeben von Schwester Katharina Schridde

HERDER spektrum Taschenbuch 6405

ISBN 978-3-451-06405-0

Schwester Katharina Schridde, evangelische Benediktinerin, Mitglied der Communität Casteller Ring (CCR), einer evangelischen Ordensgemeinschaft innerhalb der bayerischen Evangelisch-Lutherischen Kirche, lebt in einer kleinen geistlichen Weggemeinschaft in Berlin und ist als geistliche Begleiterin und Referentin für Theologie und Spiritualität tätig.

Licht über Licht

Die schönsten Gebete des Islam

Ins Deutsche übertragen und herausgegeben von Imam Halima Krausen

HERDER spektrum Taschenbuch 6402

ISBN 978-3-451-06402-9

Halima Krausen, islamische Theologin, Mitglied und Dozentin der Initiative für islamische Studien in Hamburg, ist Imam einer Hamburger Gemeinde und eine der Wortführerinnen des islamisch-christlichen Dialogs in Deutschland.

HERDER

Dein Name gewährt jeden Wunsch

Die schönsten Gebete des Hinduismus

Ins Deutsche übertragen und herausgegeben von
Martin Kämpchen

HERDER spektrum Taschenbuch 6403
ISBN 978-3-451-06403-6

Dr. Dr. Martin Kämpchen lebt seit vier Jahrzehnten in Indien und ist der deutsche Übersetzer des indischen Nationaldichters und Literaturnobelpreisträgers Rabindranath Tagore (1861–1941). Er hat die Texte dieses Bandes vor Ort gesammelt, übersetzt und zusammengestellt. Martin Kämpchen setzt sich in zwei Stammesdörfern in Indien für eine alternative Entwicklungshilfe ein.

Mögen alle Wesen glücklich sein

Meditationstexte des Buddhismus

Mit zahlreichen Originalübersetzungen herausgegeben und eingeleitet von Burkhard Scherer

HERDER spektrum Taschenbuch 6404
ISBN 978-3-451-06404-3

Dr. Burkhard Scherer, Universitätsprofessor (Reader) für Vergleichende Religionswissenschaften an der englischen Canterbury Christ Church University, ist langjähriger praktizierender Buddhist und lehrt in buddhistischen Zentren weltweit.

HERDER